新能源汽车职业教育理实一体化系列教材

新能源汽车驱动电机系统检测维修

主　编　徐景慧　胥泽民　彭宇福

北京理工大学出版社
BEIJING INSTITUTE OF TECHNOLOGY PRESS

内 容 简 介

采用基于工作过程的方法开发。内容以典型工作任务为载体进行组织，并融合了全国职业院校技能大赛中职组新能源汽车检测与维修赛项的技能考核点，主要包括驱动电机检测与更换、动力传动系统拆装与调整、电机控制部件认知与更换三个学习情境。每个情境下还包含若干学习单元，每个学习单元均以实际工作任务进行导入，理论知识包含共性知识和个性知识，实践技能部分以2018款比亚迪E5 450为例。

本书适合开设新能源汽车类专业的职业院校使用，也可以供新能源汽车技术培训机构使用，同时还可作为从事新能源汽车维修等相关行业工作人员的参考书。

版权专有　侵权必究

图书在版编目（CIP）数据

新能源汽车驱动电机系统检测维修 / 徐景慧, 胥泽民, 彭宇福主编. -- 北京：北京理工大学出版社, 2020.9（2024.1重印）

ISBN 978-7-5682-9075-3

Ⅰ. ①新… Ⅱ. ①徐… ②胥… ③彭… Ⅲ. ①新能源-汽车-驱动机构-车辆检修 Ⅳ. ①U469.707

中国版本图书馆CIP数据核字（2020）第179976号

责任编辑：陆世立		**文案编辑**：陆世立	
责任校对：周瑞红		**责任印制**：边心超	

出版发行	/ 北京理工大学出版社有限责任公司
社　　址	/ 北京市丰台区四合庄路6号
邮　　编	/ 100070
电　　话	/（010）68914026（教材售后服务热线）
	（010）68944437（课件资源服务热线）
网　　址	/ http://www.bitpress.com.cn
版 印 次	/ 2024年1月第1版第3次印刷
印　　刷	/ 定州启航印刷有限公司
开　　本	/ 787 mm×1092 mm　1/16
印　　张	/ 10.5
字　　数	/ 260千字
定　　价	/ 36.00元

图书出现印装质量问题，请拨打售后服务热线，负责调换

编写委员会

主　编

徐景慧　胥泽民　彭宇福

副主编

刘福兵　梁　维　余　清

编　委

石明伟　徐　刚　蔡长春　顾　尧

梁　杰　幸丫椿　汤见琼　陈克乐

高　伟（遂宁品信汽车技术总监）

王　超（遂宁品信汽车高级技师）

前言

"新能源汽车驱动电机系统检测维修"是新能源汽车维修类专业针对电动汽车机电维修工进行能力培养的一门专业核心课程，主要培养学生利用现代诊断仪器、检测设备和工具进行电动汽车电机及传动系统的检测、拆装以及维修更换等的专业能力，同时注重培养学生的社会能力和方法能力。

本书采用"以行动为导向、基于工作过程"的课程开发方法进行开发，以电动汽车电机及传动系统检修的典型工作任务为载体，梳理和序化理论知识，根据学生的认知规律设计了相应学习情境和任务。

本书的主要特点如下：以典型工作任务为载体，每个学习情境都有明确的学习目标；典型工作任务来源于电动汽车机电维修工实际工作岗位，并进行了适当的教学化加工；理论知识按照典型工作任务的需求进行重新序化，理论和实践以典型工作任务为主线进行了有机融合；学习车型以2018款比亚迪E5 450为主，其他车型为辅，本书全部内容均在实车上进行了验证；将驱动电机系统检测维修分为三个学习情境——驱动电机检测与更换、动力传动系统拆装与调整、电机控制部件认知与更换，整个过程由易到难，符合学生的认知规律。

本书适合开设新能源汽车类相关专业的职业院校使用，建议采用理实一体化的教学方式开展教学，也适用于各类培训机构使用。

本书在编写过程中参考了大量国内外相关著作和文献资料，在此一并向有关作者表示感谢。

由于编者水平有限，书中难免有错漏之处，敬请读者批评指正。

编　者

2020 年 6 月

目录

学习情境1　驱动电机检测与更换 … 1

任务1　驱动电机系统认知 … 2
　　1.1.1　新能源汽车驱动电机系统概述 … 2
　　1.1.2　新能源汽车对驱动电机系统的要求 … 3
　　1.1.3　驱动电机的基本原理 … 4
　　1.1.4　驱动电机的分类与发展 … 4
　　1.1.5　新能源汽车典型驱动电机系统 … 6
　　1.1.6　典型驱动电机认知 … 7

任务2　驱动电机更换 … 9
　　1.2.1　驱动电机系统 … 9
　　1.2.2　驱动电机的工作模式 … 10
　　1.2.3　典型电机系统 … 11
　　1.2.4　动力总成驱动电机的更换 … 14

任务3　永磁同步电机拆装 … 16
　　1.3.1　电机与电机控制器 … 16
　　1.3.2　永磁同步电机的特点 … 17
　　1.3.3　永磁同步电机的结构 … 18
　　1.3.4　永磁同步电机的工作原理 … 19
　　1.3.5　典型永磁同步电机的结构 … 21
　　1.3.6　永磁同步电机的拆装 … 22

任务4　永磁同步电机检测 … 24
　　1.4.1　驱动电机系统的术语和定义 … 24
　　1.4.2　永磁同步电机旋转变压器 … 27
　　1.4.3　驱动电机检测方法 … 31
　　1.4.4　比亚迪E5驱动电机的检测 … 33

任务5　直流电机拆装 … 36
　　1.5.1　直流电机的基本构造 … 36
　　1.5.2　定子 … 38
　　1.5.3　转子 … 38
　　1.5.4　直流电机的工作原理 … 39
　　1.5.5　直流电机驱动系统 … 40
　　1.5.6　驱动电机的检修 … 42

任务6　感应电机检测 … 44
　　1.6.1　感应电机的基本概念 … 44
　　1.6.2　感应电机的组成结构 … 45
　　1.6.3　感应电机在纯电动汽车上的应用 … 47
　　1.6.4　感应电机检修 … 49

学习情境2　动力传动系统拆装与调整 ……………………………… 51

任务1　动力传动总成拆卸 ………………………………………………… 52
- 2.1.1　纯电动汽车驱动形式 ……………………………………………… 52
- 2.1.2　电动汽车减速器概述 ……………………………………………… 55
- 2.1.3　电动汽车多齿比变速器 …………………………………………… 56
- 2.1.4　电驱动三合一驱动桥总成 ………………………………………… 56
- 2.1.5　比亚迪E5动力总成拆卸 …………………………………………… 58

任务2　减速驱动桥认知 …………………………………………………… 64
- 2.2.1　减速器分类 ………………………………………………………… 64
- 2.2.2　北汽EF126B02减速器介绍 ………………………………………… 65
- 2.2.3　北汽EF126B02减速器结构 ………………………………………… 65
- 2.2.4　北汽EF126B02减速器与驱动电机的装配连接 …………………… 67
- 2.2.5　比亚迪E5纯电动汽车减速器介绍 ………………………………… 68
- 2.2.6　比亚迪E5纯电动汽车减速器内部结构 …………………………… 68
- 2.2.7　比亚迪E5纯电动汽车减速器装配连接 …………………………… 69
- 2.2.8　减速器润滑油更换 ………………………………………………… 70
- 2.2.9　减速器故障与处理 ………………………………………………… 71

任务3　减速驱动桥拆装与调整 …………………………………………… 73
- 2.3.1　比亚迪E5减速器的结构 …………………………………………… 73
- 2.3.2　比亚迪E5减速器的拆分与维修 …………………………………… 76
- 2.3.3　比亚迪E5动力总成维修说明 ……………………………………… 84
- 2.3.4　减速器拆装与检测 ………………………………………………… 85
- 2.3.5　减速器拆装与检测的部分说明 …………………………………… 87

学习情境3　电机控制部件认知与更换 …………………………… 91

任务1　电机控制器认知 …………………………………………………… 92
- 3.1.1　电机控制器的作用与组成 ………………………………………… 92
- 3.1.2　典型电机控制器 …………………………………………………… 94
- 3.1.3　电机控制器控制原理 ……………………………………………… 96
- 3.1.4　电机控制器驱动模式 ……………………………………………… 98
- 3.1.5　电机控制器插件 …………………………………………………… 99
- 3.1.6　电机控制器认知 …………………………………………………… 100

任务2　高压电控总成认知 ………………………………………………… 103
- 3.2.1　比亚迪E5高压电控总成介绍 ……………………………………… 103
- 3.2.2　比亚迪E5高压电控总成外部接口介绍 …………………………… 105
- 3.2.3　比亚迪E5高压电控总成内部模块介绍 …………………………… 107
- 3.2.4　比亚迪E5高压电控总成高压连接关系与低压接插件定义 ……… 109
- 3.2.5　高压电控总成更换 ………………………………………………… 114

任务3　驱动系统冷却系统检修 …………………………………………… 118
- 3.3.1　驱动系统冷却系统概述 …………………………………………… 118
- 3.3.2　北汽EV160电机及控制器冷却系统介绍 ………………………… 119
- 3.3.3　北汽EV160电动水泵的结构 ……………………………………… 120
- 3.3.4　北汽EV160电机及控制器冷却系统控制策略 …………………… 121
- 3.3.5　比亚迪E5驱动系统冷却系统介绍 ………………………………… 122
- 3.3.6　比亚迪E5冷却系统控制策略 ……………………………………… 125
- 3.3.7　DC50B型新能源汽车电动水泵 …………………………………… 125
- 3.3.8　电动水泵的更换 …………………………………………………… 127

参考文献 ………………………………………………………………… 128

学习情境 1
驱动电机检测与更换

【学习目标】

1. 能通过与客户交流、查阅相关维修技术资料等方式获取车辆信息。
2. 能根据车辆信息找到相应维修手册。
3. 能正确找到驱动电机信息铭牌、读取电机信息。
4. 能正确进行各类电机的更换、拆解及检测。
5. 能正确使用安全防护套装及检测仪器、工具。

驱动电机系统认知

工作任务

假设你在新能源汽车某 4S 店工作，今天接了一辆新能源汽车，需要登记该车辆的驱动电机信息，你知道怎么找到这些信息吗？

任务分析

要登记车辆驱动电机信息，需要了解驱动电机系统的结构等相关理论知识，正确找到铭牌位置并进行记录。

相关知识

新能源汽车与普通燃油汽车最主要的区别在于电机驱动系统。在纯电动汽车和燃料电池电动汽车中，电机作为唯一的驱动装置输出动力；在串联式混合动力汽车中，一般有两台或多台电机，其中有电机与发动机相连作为发电机或启动 - 发电一体机工作，另有电机作为主要动力装置；在并联式混合动力汽车中，电机一般作为辅助动力装置；在混联式混合动力汽车中，电机往往兼具发电和电动功能，能满足多种工作模式需要。一般驱动电机如图 1-1-1 所示。

图 1-1-1 驱动电机

1.1.1 新能源汽车驱动电机系统概述

驱动电机系统一般由电机、功率变换器和电子控制单元组成。电机（Electric Machine）是以磁场为媒介进行电能和机械能相互转换的电磁装置（在电动汽车驱动过程中电机作为电动机运行，将动力电池中存储的电能转换为机械能驱动车辆运行，在制动或减速过程中电机作为发电机运行，将机械能转化为电能存储在动力电池中，起到能量回收的作用）。功率变换器在电子控制单元的控制下输出特定的电压和电流调节电机的运行，以产生所需的转矩和转速。在能量变换过程中存在电能、机械能和磁场能量损失，这会影响能量转换效率，但是一般来说电机的能量转换效率都要远远高于其他设备的能量转换效率。相对于内燃机来说，电机的主要优势在于它可以在低速运行时提供较大的峰值扭矩，并且可以短时间内提供额定功率2~3倍的瞬时功率，这些可以为车辆带来出色的加速性能，同时在减速或制动时还可以实现再生制动。

1.1.2 新能源汽车对驱动电机系统的要求

驱动电机系统是新能源汽车三大核心系统之一，是车辆行驶的主要执行机构，其特性决定了车辆的主要性能指标，直接影响车辆的动力性、经济性和用户驾乘感受。

1. 新能源汽车对驱动电机的基本要求

新能源汽车上驱动电机的运行与一般的工业应用不同，工况非常复杂，对驱动电机有很高的要求。

（1）新能源汽车用驱动电机应具有瞬时功率大、过载能力强（过载系数应为3~4）、加速性能好、使用寿命长的特点。

（2）新能源汽车用驱动电机应具有宽广的调速范围，包括恒转矩区和恒功率区。在恒转矩区，要求低速运行时具有大转矩，以满足起步和爬坡的要求；在恒功率区，要求低转矩时具有较高速度，以满足汽车在平坦路面能够高速行驶。

（3）新能源汽车用驱动电机应能够在汽车减速时实现再生制动，将能量回收并反馈回动力电池，提高新能源汽车的能量利用率。这是在内燃机汽车上所不能实现的。

（4）新能源汽车用驱动电机应在整个运行范围内具有高的效率，以提高单次充电续驶里程。

（5）新能源汽车用驱动电机还应具有可靠性高、能够在恶劣环境下长期工作、结构简单、重量轻、运行噪声低、维修方便、价格便宜等特点。

2. 电机能量转换的特点

电机是指依据电磁感应原理实现电能的生产、传输和使用的能量转换机械。

电机具有可逆性，即一台电机既可以作为电动机运行（将电能转换为机械能），也可以作为发电机运行（将机械能转换为电能），如图1-1-2所示。

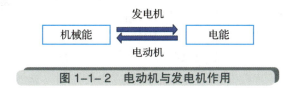

图1-1-2 电动机与发电机作用

1.1.3 驱动电机的基本原理

所有的电机在电动运行时将电能转换为机械能，在发电运行时将机械能转化为电能。同一台电机既可以作为电动机也可以作为发电机，而只需要相应改变控制算法即可。必须指出，虽然功率转换的可逆性是一切电机的普遍原理，但在电机设计和控制上是有所偏重的。

电机中机电能量转换是基于下列两个基本原理：磁通在绕组中感应电压；磁通与电流相互作用而产生转矩。

电机中的能量存储在气隙磁场中。电机工作时，能量都是以电磁能的形式通过定、转子之间的气隙进行传递的。为了在电机内建立进行机/电能量转换所必需的气隙磁场，可以有两种方法：一种是在电机绕组内通以电流产生磁场，例如普通的直流电机和同步电机，这种电励磁的电机既需要有专门的绕组和相应的装置，又需要不断供给能量以维持电流流动；另一种是由永磁体来产生磁场，由于永磁体材料的固有特性，它经过预先磁化（充磁）后，不再需要外加能量就能在其周围空间建立磁场，这既简化了电机结构，又可以节约能量。目前电动汽车用永磁同步电机大多采用具有高剩磁、高矫顽力、高磁能积的钕铁硼稀土永磁材料。

1.1.4 驱动电机的分类与发展

电驱动控制系统中，电机本体的多样化趋势已日趋明显。在各种电机类型中，适于电动汽车电驱动系统的主要有直流电机（DC Machine）、感应电机（Induction Machine）、永磁同步电机（Permanent Magnet Synchronous Machine，PMSM）以及开关磁阻电机（Switched Reluctance Machine，SRM）。它们又可以分为有刷和无刷两大类，如图1-1-3所示。

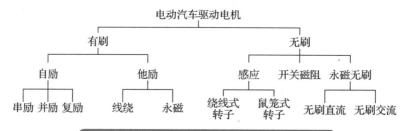

图1-1-3 应用于电动汽车的驱动电机分类

与有刷直流电动机相比，无刷电动机具有高效率、高功率密度、低运行成本、高可靠性、免维护等优点，因此无刷电动机更受青睐。其中，永磁同步电机由于具有体积小、效率高、低速性能好、调速范围宽以及运行可靠等优点，能够适应高性能电驱动控制系统的要求，得到越来越广泛的应用。目前，永磁同步电机已成为高性能电驱动控制系统电机本体的主要选择。

在20世纪80年代之前，电动车的原型机中多使用直流电机（如图1-1-4所示），其特性非常适合道路负载，并且控制

图1-1-4 直流电机

简单。

然而，体积大和需要维护的特点限制了直流电机在电动车上乃至电机驱动领域的应用。现代电动汽车中大都采用交流电机，包括感应电机、永磁电机和开关磁阻电机，如图1-1-5所示。

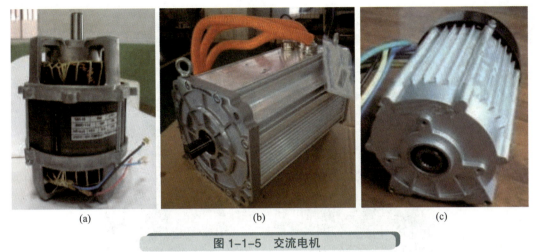

图1-1-5 交流电机
（a）感应电机；（b）永磁电机；（c）开关磁阻电机

其中，交流感应电机技术非常成熟。过去半个世纪，人们在感应电机驱动方面进行了大量的研究和开发工作。由于三相交流感应电机的转子上没有永磁体，也无须换向器、电刷，使得感应电机具有结构简单、制造方便、成本低、可靠性好等优点，三相交流感应电机的控制也较为简单和成熟。三相交流感应电机可以仅用一个低成本的转速传感器，而不需要正弦型交流永磁同步电机中的较贵的位置传感器，进一步显出了成本优势。相对于永磁电机，三相交流感应电机的高速反电动势低、空转损耗小，也是汽车需要的特性。感应电机在汽车应用中的主要缺点是功率因数滞后，定子中有无功励磁电流因而功率低（特别是在恒转矩区）。在驱动汽车的多变工况下，感应异步电机的效率会明显低于交流永磁同步电机，低效率也使得电机冷却成为挑战。另外，感应电机的转矩密度一般也低于交流永磁同步电机，难以实现小体积、轻量化。因此，尽管感应电机被广泛地应用于工业拖动领域中，但在汽车驱动中却应用较少。

交流永磁电机是电驱动技术的一个重要分支。交流永磁电机转子上有永磁体，定子与感应电机相同。转子上的永磁体可以表面贴装，称为表贴式永磁电机（Surface-mounted Permanent Magnet，SPM）；也可以插入转子内部，称为插入式永磁电机（Interior Permanent Magnet，IPM）。永磁电机根据气隙磁场分布分为正弦波永磁电机和梯形波永磁电机，后者也被称作无刷直流电机。永磁电机的驱动器和感应电机控制相对简单，但成本也相对较高，而且对工作温度和负载条件有所限制。

开关磁阻电机（SRM）也属于同步电机，它利用"磁阻最小原理"工作，即磁通是要沿磁阻的最小路径闭合。开关磁阻电机通过有序地开关定子绕组的电流，在定子和转子极之间产生电磁力，即电磁转矩。开关磁阻电机的结构特别简单、坚固、制造容易，转子无冷却要求，成本低。但开关磁阻电机转矩脉动、振动和噪声问题使其在电动汽车电驱动领域中的应用还比较少。

此外，借鉴传统汽车发电机设计，在微混电动汽车中也有改进型爪极电机使用实例。有刷爪极电机已在传统汽车发电机中得到了广泛的应用，因此将爪极电机应用于混合动力有助于利用成熟的设计和设备。改进型的爪极电机已经在低成本的皮带驱动的微混合动力系统中得到了应用。

1.1.5 新能源汽车典型驱动电机系统

某新能源汽车驱动电机系统如图 1-1-6 所示,其基本参数如表 1-1-1 所示。

图 1-1-6 驱动电机及减速器总成

表 1-1-1 某驱动电机参数

技术指标	参数
电动机最大输出扭矩 /（N·m）	310（0⁻4 929 r/min,30 s）
电动机额定扭矩 /（N·m）	160（0⁻4 775 r/min,持续）
电动机最大输入功率 /kW	160（4 929⁻12 000 r/min,30 s）
电动机额定功率 /kW	80（4 775⁻12 000 r/min,持续）
电动机最大输出转速（包括驱动最高输入转速和随动最高输入转速）/（r·min^{-1}）	12 000
电动力总成质量 /kg	103
总减速比	9.342
一级传动比	3.158
主减速传动比	2.958
电机轴中心与差速器中心的距离 /mm	239
变速箱润滑油量 /L	1.8
变速箱润滑油类型	齿轮油 SAE80W-90（冬季环境温度低于 -15℃地区推荐换用 SAE75W-90）

可以看出，驱动电机与变速器总成的质量为 103 kg，驱动电机的最大输入功率为 160 kW。匹配单挡变速器，总减速比为 9.342，一级传动比为 3.158，主减速传动比为 2.958。单挡变速器采用浸油润滑方式，变速器润滑油量为 1.8 L，变速器润滑油类型为齿轮油 SAE80W-90。双向交流逆变电机控制器根据车辆当前状态及驾驶人的驾驶意图，向驱动电机输出一定频率和幅值的三相交流电，驱动电机产生转矩将动力传递到单挡变速器，动力经过单挡变速器中的一级减速后进入主减速器和差速器，动力再由差速器两个半轴齿轮传递到单挡变速器两侧的三枢轴式伸缩万向节。

技能训练

1.1.6 典型驱动电机认知

开始作业前，穿好工服、绝缘鞋，做好车辆内外防护工作，防止弄脏、损坏或腐蚀车辆。以北汽 C33DB 驱动电机为例。

1. 整体认知

观察驱动电机外观，驱动电机系统由驱动电动机（DM）、驱动电机控制器（MCU）构成，通过高低压线束、冷却管路，与整车其他系统作电气和散热连接。

图 1-1-7 驱动电机外观

2. 观察外观

观察外观，明确各部位的名称。驱动电机外观如图 1-1-7 所示。

驱动电机主要部分的名称如图 1-1-8 所示。

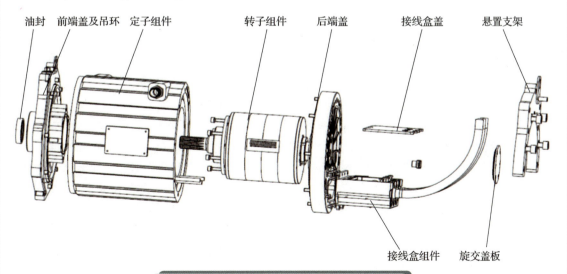

图 1-1-8 驱动电机主要部分的名称

3. 获取驱动电机参数

观察驱动电机铭牌,记录驱动电机参数。电机铭牌如图 1-1-9 所示。

图 1-1-9 电机铭牌

某永磁同步电机参数如表 1-1-2 所示。

表 1-1-2 某永磁同步电机参数

技术指标	参数
基速 /($r \cdot min^{-1}$)	2 812
转速范围 /($r \cdot min^{-1}$)	0~9 000
额定功率 /kW	30
峰值功率 /kW	53
额定扭矩 /($N \cdot m$)	102
峰值扭矩 /($N \cdot m$)	180
质量 /kg	45
防护等级	IP67
尺寸(定子直径 × 总长)	(ϕ)245 ×(L)280

知识小结

1. 新能源汽车与普通燃油汽车的最主要区别在于驱动电机系统。

2. 驱动电机系统是电动汽车最主要的系统,电动汽车运行性能的好坏主要是由其驱动电机系统的性能决定的。新能源汽车驱动电机系统主要由驱动电机、减速驱动桥等组成。

3. 所有的电机在电动运行时将电能转换为机械能,在发电运行时将机械能转化为电能。同一台电机既可以作为电动机也可以作为发电机。电机中的机电能量转换基于下列两个基本原理:磁通在绕组中感应电压;磁通与电流相互作用而产生转矩。

驱动电机更换

工作任务

假设你在新能源汽车某 4S 店工作,今天接了一辆新能源汽车,经检查该车在行驶中存在异响,师傅告知你需要更换驱动电机。你知道如何安全、规范地更换驱动电机吗?

任务分析

更换驱动电机时需要学生了解驱动电机系统的结构、工作原理等,在更换驱动电机时能够正确、安全地拆卸零部件,并掌握正确的流程。

相关知识

驱动电机系统是电动汽车最主要的系统,电动汽车运行性能的好坏主要是由其驱动电机系统的性能决定的。

1.2.1 驱动电机系统

驱动电机系统由驱动电机、电机控制器等组成。电机控制器通过 U、V、W 三相动力线给驱动电机供电,驱动电机通过信号线将电机转子位置信号及定子温度信号传给电机控制器。电机控制器的电力来自动力电池,一般整车控制器(VCU)通过加速踏板传感器、挡位以及制动踏板传感器等信息,判断驾驶员的驾驶意图后,通过 CAN 总线与电机控制器通信,电机控制器根据驱动电机当前的状态,向电机输出驱动电力使其运转。驱动电机及控制器在工作过程中会发热,影响其正常工作,所以一般驱动电机系统加装冷却系统,由电动水泵驱动,使冷却液在电机控制器与电机中循环冷却,再将热量带到散热器散发到大气中,如图 1-2-1 所示。

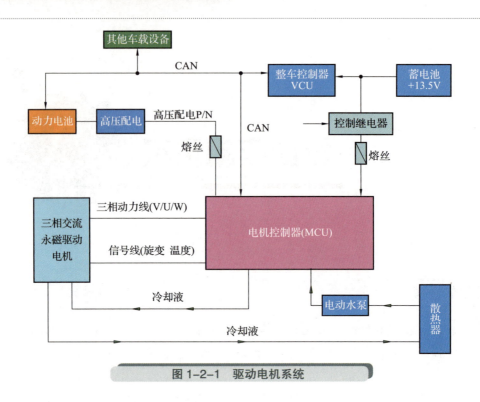

图 1-2-1 驱动电机系统

1.2.2 驱动电机的工作模式

通过驱动电机工作状态可以了解新能源汽车驱动系统的基本功能,根据驾驶员意愿,驱动电机的工作状态可以分为以下几种:挂 D 挡加速行驶时、减速制动时、挂 R 挡倒车时以及 E 挡行驶时。

1. D 挡加速行驶

驾驶员挂 D 挡并踩加速踏板,此时挡位信息和加速信息通过信号线传递给整车控制器(VCU),VCU 把驾驶员的操作意图通过 CAN 线传递给驱动电机控制器(MCU),再由驱动电机控制器(MCU)结合旋变传感器信息(转子位置),进而向永磁同步电动机的定子通入三相交流电,三相电流在定子绕组的电阻上产生电压降。

由三相交流电产生的旋转电枢磁动势及建立的电枢磁场,一方面切割定子绕组,并在定子绕组中产生感应电动势;另一方面以电磁力拖动转子以同步转速正向旋转。随着加速踏板行程不断加大,电机控制器控制的 6 个 IGBT(绝缘栅双极型晶体管)导通,频率上升,电动机的转矩随着电流的增加而增加,因此,起步时基本上拥有最大的转矩。随着电动机转速的增加,电动机的功率、电压均增加。

在电动汽车上,一般要求电动机的输出功率保持恒定,即电动机的输出功率不随转速增加而变化,这要求在电动机转速增加时,电压保持恒定。

2. R挡倒车

当驾驶员挂R挡时,驾驶员请求信号发给VCU,再通过CAN线发送给MCU,此时MCU结合当前转子位置(旋变传感器)信息,通过改变IGBT模块改变W、V、U通电顺序,进而控制电机反转。

3. 制动时能量回收

驾驶员松开加速踏板时,电机由于惯性仍在旋转,当车辆减速时,电机仍是动力源,随着电机转速下降,电机由于被车辆拖动而旋转,此时驱动电动机变为发电机。

1.2.3 典型电机系统

1. 比亚迪E5驱动电机系统

比亚迪E5驱动电机系统由驱动电动机、电机控制器及冷却系统构成。电机控制器模块集成在高压电控总成内,高压电控总成位于前机舱内,驱动电机位于前机舱下部,如图1-2-2和图1-2-3所示。比亚迪E5驱动电动机采用的永磁同步电机,最大功率为160 kW,最大转矩为310 N·m,工作电压为650 V,质量为65 kg。驱动电机铭牌如图1-2-4所示。驱动电机的安装位置如图1-2-5所示。

图1-2-2 高压电控总成

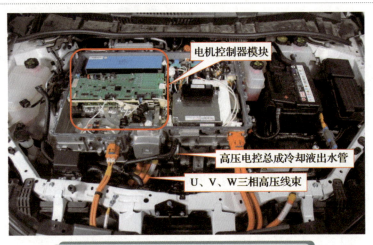

图 1-2-3 电机控制器模块

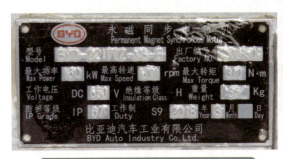

图 1-2-4 比亚迪 E5 驱动电机铭牌①　　图 1-2-5 比亚迪 E5 驱动电机的安装位置

　　驱动电机对外有低压线束连接、高压线束连接和散热水管连接。驱动电机通过低压线束将电机当前的转速、转子位置、定子绕组温度等信息传送给高压电控总成内的电机控制器模块，电机控制器模块接收来自动力电池的高压直流电，通过 U、V、W 三相高压线束控制驱动电机的运转速度、转矩、正反转以及驱动和发电两种工作模式。电动水泵运转输送冷却液至高压电控的冷却水道，再通过管路流入驱动电机的冷却水道，进而对电机控制器模块和驱动电机进行冷却散热，冷却液再由驱动电机冷却水道流向冷却液散热器，对冷却液进行散热，如此往复循环。比亚迪 E5 高压电控总成进水口以及驱动电机冷却液进出口如图 1-2-6 和图 1-2-7 所示。

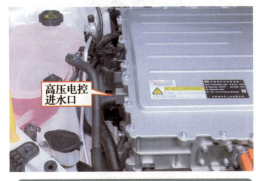

图 1-2-6 比亚迪 E5 高压电控总成进水口　　图 1-2-7 比亚迪 E5 驱动电机冷却液进出口

---

① 重量是指物体受到的重力的大小，单位为牛（N）。图中"重量"规范表达应为"质量"，单位为千克（kg）。

2. 北汽EV160驱动电机系统

北汽EV160驱动电机系统由驱动电动机、驱动电机控制器构成，通过高低压线束、冷却管路，与整车其他系统作电气和散热连接。电机控制器位于前机舱的右侧上部，驱动电机位于前机舱下部，如图1-2-8所示。驱动电动机采用的永磁同步电机，具有效率高、体积小、质量轻及可靠性高等优点。

北汽EV160动力传动系统如图1-2-9所示，驱动电机与减速器通过螺栓连接在一起，再通过左侧、右侧和底部各三颗固定螺栓共同固定在车身上，两侧的螺栓用来支撑电机及减速器的重量，底部的螺栓用来防止电机转动时产生旋转。驱动电机通过U、V、W三根高压动力线束和一根控制线束与电机控制器连接。减速器通过左、右两根半轴将动力输出给左、右两个前驱动轮。

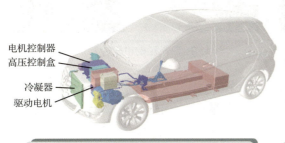

图1-2-8 驱动电机的安装位置

图1-2-9 驱动电机及减速器总成在车身上的位置

图1-2-10所示为该驱动电机与车上其他部件的连接。

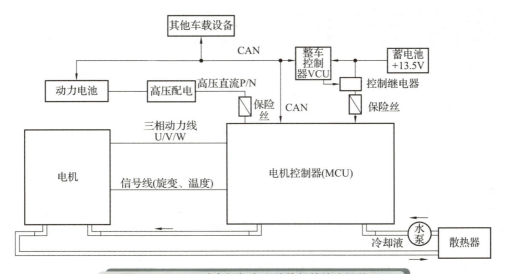

图1-2-10 驱动电机与车上其他部件的连接关系

整车控制器（VCU）根据驾驶员意图发出各种指令，电机控制器响应并反馈，实时调整驱动电机输出，以实现整车的怠速、前行、倒车、停车、能量回收以及驻坡等功能。电机控制器的另一个重要功能是通信和保护，实时进行状态和故障检测，保护驱动电机系统和整车安全可靠运行。

驱动电机工作过程中由于线损等原因会产生热量，温度过高会导致永磁同步电机中的永磁体出现退磁现象，影响电机正常工作。为保证电机工作温度稳定，需对驱动电机进行水冷冷却。由电动水泵推动冷却液循环，将热量从驱动电机、电机控制器中带到散热器进行散热。电动冷却水泵由 12 V 低压电驱动。驱动电机上有一进一出共两个冷却水管接头，电机控制器上也有两个水管接头，如图 1-2-11 和图 1-2-12 所示。

图 1-2-11　驱动电机冷却液入口

图 1-2-12　驱动电机冷却液出口

北汽 EV160 驱动电机的驱动电力来自电机控制器的 U、V、W 三相高压动力线束，额定工作电压为交流 340 V。电机控制器的高压电力来自车辆底部的动力电池。

技能训练

1.2.4　动力总成驱动电机的更换

当出现驱动电池运行中异响、驱动电机转子消磁、驱动电机温度传感器损坏、驱动电机绝缘故障、驱动电机无法运转等问题时，需将动力总成从车上拆下，对驱动电机进行检测维修或更换。

由于部件较大并可能产生危险，建议两人同时并相互配合操作。驱动电机从动力总成上进行更换的步骤如下。

1. 拆卸前

在动力总成从整车拆卸前，打开放油螺塞组件，将变速箱体内的润滑油排放干净，其位置如图 1-2-13 所示。拧紧放油螺塞组件于箱体上，防止在拆卸过程中，异物掉入变速箱腔体内（注意：不要扭得太紧，以免 O 形密封圈被压碎）。

2. 拆卸

交错拧开用于固定变速箱箱体与电动机的六角法兰面螺栓（紧固力矩为 79 N·m），将变速箱与电动机分离，如图 1-2-14 所示。

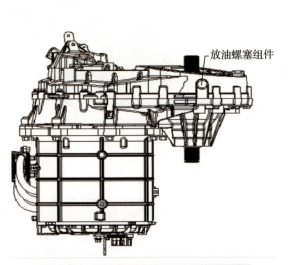
图 1-2-13 放油螺塞组件位置

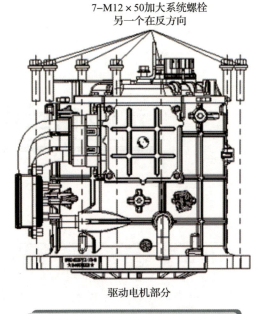
图 1-2-14 分离变速箱与电机

3. 安装

将新的电机复位,安装六角法兰面螺栓,交错拧紧(紧固力矩为 79 N·m)。

知识小结

1. 纯电动汽车驱动电机系统主要由驱动电机、减速驱动桥等组成。

2. 驱动电机系统由驱动电机和电机控制器等组成。电机控制器通过 U、V、W 三相动力线给驱动电机供电,驱动电机通过信号线将电机转子位置信号及定子温度信号传给电机控制器。

3. 比亚迪 E5 驱动电机系统由驱动电动机、电机控制器及冷却系统构成。电机控制器模块集成在高压电控总成内,高压电控总成位于前机舱内,驱动电机位于前机舱下部。

永磁同步电机拆装

工作任务

假设你在新能源汽车某4S店工作,今天接了一辆车,师傅检查后发现驱动电机性能异常,师傅拆下驱动电机后让你对其进行拆解,你知道如何安全、规范地对驱动电机进行拆解吗?

任务分析

要进行永磁同步电机拆装,首先要掌握永磁同步电机的结构,通过任务学生能够通过与客户交流、查阅相关维修技术资料等方式获取相关知识信息,正确、安全地进行永磁同步电机拆装,正确使用安装防护套装和检测仪器、工具。

相关知识

1.3.1 电机与电机控制器

驱动电机系统一般由驱动电机(如图1-3-1所示)、电机控制器(功率变换器,见图1-3-2)等组成,其连接形式如图1-3-3所示。

图1-3-1 驱动电机

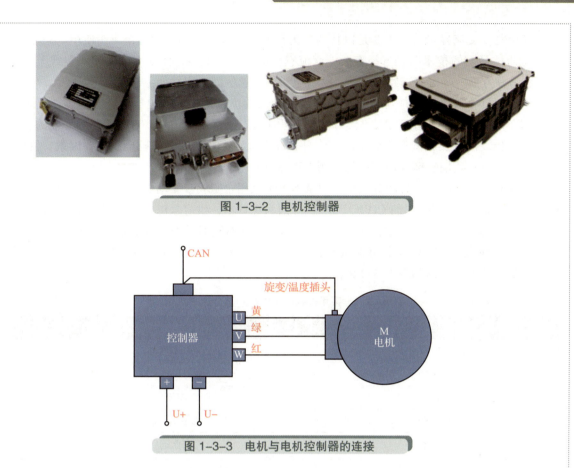

图 1-3-2 电机控制器

图 1-3-3 电机与电机控制器的连接

1.3.2 永磁同步电机的特点

永磁同步电机是由电励磁同步电机发展而来的,两者的结构和运行原理基本相同。与电励磁同步电机相比,永磁同步电机以永磁体提供的磁通代替了后者的励磁线圈励磁,省去了集电环和电刷,简化了结构,实现了无刷化,从而减少了电机的维护成本,提高了效率。与感应电机相比,永磁同步电机无须励磁电流,可以显著提高功率因数,定子电流和定子电阻损耗小,而且在稳定运行时无转子电阻损耗,效率高。典型的永磁同步电机转子结构如图 1-3-4 所示。

图 1-3-4 典型的永磁同步电机转子结构
(a)表面粘贴式;(b)表面插入式;(c)内置径向式;(d)内置切向式

现阶段,交流异步电机主要是以特斯拉为首的美国车企和部分欧洲企业在使用。一方面,这与特斯拉最初的技术路径选择有关,交流感应电机价格低廉,而偏大的体积对美式车并无挂碍;另一方面,美国高速路网发达,交流电机的高速区间效率性能上佳。

中国、日本等国家新能源汽车电机最广泛使用的仍是永磁同步电机,适合本国路况是主要因素,永磁同步电机在反复启/停、加/减速时仍能保持较高效率,对高速路网受限的工况是最佳选择。此外,我国稀土储量丰富,日本稀土永磁产业有配套基础也是重要因素。目前,永磁同步电机在我国新能源汽车中的使用占比超过90%。

日本的丰田、本田、日产等汽车公司基本上都采用永磁同步驱动电机系统,如丰田公司的Prius(普锐斯)、本田公司的CIVIC(思域)。因为在日本,供应永磁电机使用的稀土磁铁的公司比较多,同时汽车大多以中低速行驶,因此采用加/减速时效率较高的永磁同步电动机较为适宜。日本在混合动力汽车领域居世界领先地位,其中以丰田普锐斯较为著名。使用永磁同步电机的部分汽车厂商如表1-3-1所示。

表1-3-1 采用永磁同步电机的部分汽车厂商

车型	电机供应商
宝马i3	采埃孚
日产聆风	日产
丰田普锐斯	丰田
北汽EV系列	精进电机
比亚迪E系列	比亚迪
上汽荣威	上海大郡、上海电驱动
奇瑞新能源	上海电驱动、浙江尤奈特
江淮系列	上海电驱动、浙江尤奈特

1.3.3 永磁同步电机的结构

永磁同步电机属于交流电机,定子绕组与交流异步电机相同。它的转子旋转速度与定子绕组所产生的旋转磁场的速度是一样的,所以称为同步电机。正由于这样,同步电动机的电流在相位上是超前于电压的,即同步电动机是一个容性负载。

永磁同步电机主要由机壳、定子和转子组成,如图1-3-5所示。

定子包括定子铁芯和定子绕组,定子绕组镶嵌在定子铁芯中,绕组的作用是通电时可以产生磁场,铁芯的作用是可以提高磁导率。永磁同步电机定子结构和工作原理与交流异步电机一样,多

图1-3-5 永磁同步电机的结构

为4极形式，三相绕组按3相4极布置，通电产生4极旋转磁场。

永磁同步电机与普通三相交流异步电机的不同是转子结构，转子上安装有永磁体磁极，如图1-3-6所示。

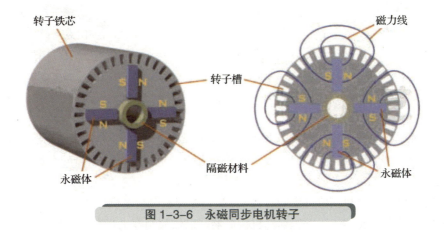

图1-3-6 永磁同步电机转子

永磁体磁极外凸镶嵌在转子铁芯外侧，组成若干对磁极。一块永磁体有一个N极和一个S极。若干个永磁体和铁芯共同构成了若干条磁路，磁力线方向从N极到S极。

将转子和转轴做成一体，两端用轴承安装在机壳上，转子前端安装有散热风扇随轴转动，在定子绕组不断通电产生的磁场吸引下，转子即随定子产生的旋转磁场进行运转。

1.3.4 永磁同步电机的工作原理

电机是指依据电磁感应原理实现电能的生产、传输和使用的能量转换机械。

电生磁是奥斯特发现的，其现象是通电导体周围存在磁场。电和磁是不可分割的，它们始终交织在一起，简单地说，就是电生磁、磁生电。

如果一条直的金属导线通过电流，那么导线周围的空间将产生圆形磁场，如图1-3-7所示，导线中流过的电流越大，产生的磁场越强。磁场呈圆形，围绕导线周围。磁场方向可以依据"右手螺旋定则"（又称安培定则）来确定：将右手拇指伸出，其余四指并拢弯向掌心，这时，四指的方向为磁场方向，拇指的方向是电流方向。这种直导线产生的磁场类似于在导线周围安置了一圈N/S极首尾相接的小磁铁的效果，图中的黑点代表电流流出的方向。

左手定则（又称电动机定则）：伸出左手，使拇指与其余四指垂直，并且都与手掌在同一平面内，让磁感应线从掌心进入，并使四指指向电流的方向，这时拇指所指的方向就是通电导线在磁场中所受安培力的方向，如图1-3-8所示。

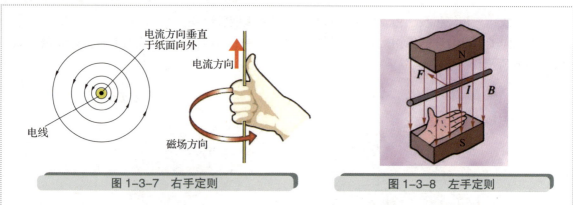

图 1-3-7　右手定则　　　　　图 1-3-8　左手定则

在电机系统中，电机的输出动作主要是靠控制单元给定命令执行，即控制器输出命令。控制器主要是将输入的直流电逆变成电压、频率可调的三相交流电，供给配套的三相交流永磁同步电机使用。

电机控制器输出频率和幅值可变的 U、V、W 三相交流电给电机形成旋转磁场，电机通过位置传感器将电机转子当前的位置发送给电机控制器，以供控制器进行参考控制，见图 1-3-3。

旋转磁场与转子永久磁铁所产生的磁场相互作用产生转矩，拖动转子同步旋转，通过位置传感器实时读取转子磁铁位置，变换成电信号控制控制器中的逆变器功率器件开关，调节电流频率和相位，使定子和转子磁势保持稳定的位置关系，才能产生恒定的转矩。定子绕组中的电流大小是由负载决定的。定子绕组中三相电流的频率和相位随转子位置的变化而变化，使三相电流合成一个与转子同步的旋转磁场，通过电力电子器件构成的逆变电路的开关变化实现三相电流的换相，代替了机械换向器，如图 1-3-9 所示。

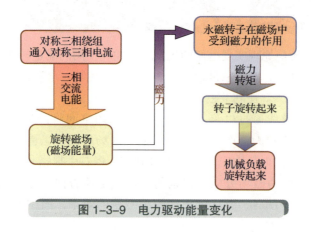

图 1-3-9　电力驱动能量变化

永磁同步电动机定子的反电势和电流波形均为正弦波，并且保持同相，其可以获得与直流电机相同的转矩特性，而且能实现恒转矩的调速特性。同步电机的工作模型如图 1-3-10 所示。

当定子产生一对磁极，上部为 S 极，下部为 N 极时，会将转子吸引到当前位置，即转子 N 极向上，S 极向下。在有负载状态下，定子旋转磁场在转速上微微领先转子一点，吸引转子以旋转磁场的转速进行旋转，在理想空载状态下转子与旋转磁场是完全对应的，在转子主动旋转，转子磁场会切割定子的磁场从而产生感生电流，此时电机作为发电机，电动车制动能量回收就是利用这种工作原理而来的，如图 1-3-11 所示。

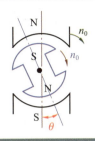
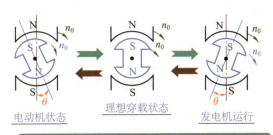

图 1-3-10 同步电机工作模型　　　　图 1-3-11 同步电机电动与发电工作模型

1.3.5 典型永磁同步电机的结构

比亚迪 E5 永磁同步电机最大功率为 160 kW，最大转矩为 310 N·m，工作电压为 650 V，质量为 65 kg，电机采用水冷方式，由冷却液温度传感器检测冷却液温度，旋变传感器接头和定子温度传感器接头在驱动电机端盖上，如图 1-3-12 和图 1-3-13 所示。

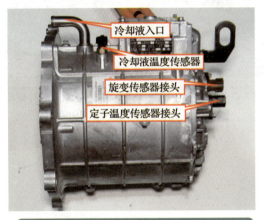

图 1-3-12 比亚迪 E5 驱动电机正面

图 1-3-13 比亚迪 E5 驱动电机背面

比亚迪 E5 永磁同步电机的定子及转子结构主要包括定子三相绕组、永磁转子、旋变传感器等，如图 1-3-14 所示。

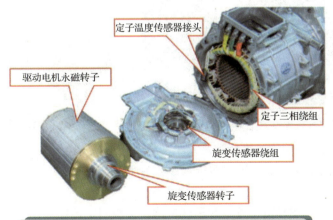

图 1-3-14 比亚迪 E5 驱动电机的定子及转子结构

技能训练

1.3.6 永磁同步电机的拆装

当驱动电机出现故障时,可能需要对电机进行解体检测或维修,下面对从车上拆下来的驱动电机进行拆装。

(1)拆下驱动电机三相线束接线盒盖上的4颗安装螺栓(8 mm套筒),取下接线盒盖,如图1-3-15所示。

(2)拆下三相线束端子与电机的3颗连接螺栓以及三相线束与电机外端的2颗固定螺栓(8 mm套筒)后拔下驱动电机三相线束,如图1-3-16所示。

图1-3-15 拆下三相线束接线盒盖上的4颗安装螺栓

图1-3-16 拆下三相线束端子与电机的3颗连接螺栓

(3)拆下驱动电机后盖上15颗连接螺栓。

(4)拆下驱动电机旋变和温度传感器接头固定螺栓(8 mm套筒),并拔下驱动电机旋变和温度传感器接头,如图1-3-17所示。

(5)使用锤子向外均匀敲击后盖,使其与壳体脱开。

(6)使用工具压出电机转子。

(7)驱动电机解体完毕,如图1-3-18所示。

图1-3-17 拆下驱动电机旋变和温度传感器接头固定螺栓

图1-3-18 驱动电机解体

(8)对驱动电机进行检测或维修后装入驱动电机转子。

(9)将驱动电机旋变和温度传感器接头装入后盖相应的孔内,按压后盖使其端面与驱动电机壳体平齐。

(10)后面继续安装驱动电机旋变和温度传感器接头固定螺栓,安装驱动电机后盖上15个连接螺栓（紧固力矩为 25 N·m），安装三相线束，安装三相线束与电机外端的 2 颗固定螺栓，安装三相线束端子与电机的 3 颗连接螺栓，安装接线盒盖，安装接线盒盖上的 4 颗安装螺栓，驱动电机安装完毕，如图 1-3-19 所示。

图 1-3-19　安装完的驱动电机

知识小结

1. 驱动电机系统一般由驱动电机、电机控制器等组成。

2. 永磁同步电机是由电励磁同步电机发展而来的，两者的结构和运行原理基本相同。与电励磁同步电机相比，永磁同步电机以永磁体提供的磁通代替了后者的励磁线圈励磁，省去了集电环和电刷，简化了结构，实现了无刷化，从而减少了电机的维护成本，提高了效率。

3. 永磁同步电机属于交流电机，定子绕组与交流异步电机相同。它的转子旋转速度与定子绕组所产生的旋转磁场的速度是一样的，所以称为同步电机。正由于这样，同步电动机的电流在相位上是超前于电压的，即同步电动机是一个容性负载。

4. 旋转磁场与转子永久磁铁所产生的磁场相互作用产生转矩，拖动转子同步旋转，通过位置传感器实时读取转子磁铁位置，变换成电信号控制控制器中的逆变器功率器件开关，调节电流频率和相位，使定子和转子磁势保持稳定的位置关系，才能产生恒定的转矩。定子绕组中的电流大小是由负载决定的。

永磁同步电机检测

工作任务

假设你在新能源汽车某4S店工作,今天接了一辆车,师傅检查后发现驱动电机性能异常,师傅拆下驱动电机后让你对其进行性能测试,你知道如何安全、规范地对驱动电机进行检测吗?

任务分析

进行永磁同步电机检测,首先要了解同步电机的检测方法,通过任务学生能安全、正确地对永磁同步电机进行检测,正确使用安全防护套装及检测仪器、工具。

相关知识

1.4.1 驱动电机系统的术语和定义

国家标准GB/T 18488.1—2015《电动汽车用驱动电机系统第1部分:技术条件》中关于驱动电机系统的部分术语和定义如下。

1. 驱动电机系统(Drive Motor System)

驱动电机、驱动电机控制器及它们工作必需的辅助装置的组合,称为驱动电机系统。

2. 驱动电机(Drive Motor)

驱动电机是将电能转换成机械能为车辆行驶提供驱动力的电气装置,该装置也具备将机械能转化成电能的功能。

3. 驱动电机控制器（Drive Motor Controller）

驱动电机控制器是控制动力电源与驱动电机之间能量传输的装置，由控制信号接口电路、驱动电机控制电路和驱动电路组成。

4. 直流母线电压（DC Bus Voltage）

直流母线电压指驱动电机系统的直流输入电压。

5. 额定电压（Rated Voltage）

额定电压指直流母线的标称电压。

6. 最高工作电压（Maximum Voltage）

最高工作电压指直流母线电压的最高值。

7. 输入输出特性（Input&Output Characteristic）

输入输出特性表征驱动电机、驱动电机控制器或驱动电机系统的转速、转矩、功率、效率、电压、电流等参数间的关系。

8. 持续转矩（Continuous Torque）

规定的最大、长期工作的转矩，称为持续转矩。

9. 持续功率（Continuous Power）

规定的最大、长期工作的功率，称为持续功率。

10. 转速控制精度（Speed Control Accuracy）

转速控制精度指转速实际值与转速期望值的偏差，或转速实际值与转速期望值的偏差占转速期望值的百分比。

11. 转矩控制精度（Torque Control Accuracy）

转矩控制精度指转矩实际值与转矩期望值的偏差，或转矩实际值与转矩期望值的偏差占转矩期望值的百分比。

12. 转速响应时间（Respond Time of Speed）

转速响应时间指驱动电机控制器从接收到指令信息开始至第一次达到规定容差范围的期望

值所经过的时间。

13. 转矩响应时间（Respond Time of Torque）

转矩响应时间指驱动电机控制器从接收到指令信息开始至第一次达到规定容差范围的期望值所经过的时间。

14. 主动放电（Active Discharge）

当驱动电机控制器被切断电源，切入专门的放电回路后，控制器支撑电容快速放电的过程，称为主动放电。

15. 被动放电（Passive Discharge）

当驱动电机控制器被切断电源后，不切入专门的放电回路，控制器支撑电容自然放电的过程，称为被动放电。

16. 驱动电机控制器支撑电容放电时间（Drive Motor Controller Support Capacitor Discharge Duration）

当驱动电机控制器被切断电源后，驱动电机控制器支撑电容放电至 60 V 所经过的时间，称为驱动电机控制器支撑电容放电时间。

17. 驱动电机控制器工作电流（Drive Motor Controller Current）

驱动电机控制器正常工作时，其与驱动电机各相连接的各动力线上的电流，称为驱动电机控制器工作电流。

18. 驱动电机控制器持续工作电流（Drive Motor Controller Continuous Current）

能够长时间持续工作的驱动电机控制器工作电流最大值，称为驱动电机控制器持续工作电流。

19. 驱动电机控制器短时工作电流（Drive Motor Controller Short-time Current）

能够在规定的短时间内正常工作的驱动电机控制器工作电流最大值，称为驱动电机控制器短时工作电流。

20. 驱动电机控制器最大工作电流（Controller Maximum Current）

能达到并能承受的驱动电机控制器工作电流最大值，称为驱动电机控制器最大工作电流。

21. 驱动电机系统效率（Drive Motor System Efficiency）

驱动电机系统的输出功率与输入功率的百分比，称为驱动电机系统效率。

22. 电压等级

驱动电机系统直流母线额定电压取以下等级：36 V、48 V、60 V、72 V、80 V、120 V、144 V*、168 V、192 V、216 V、240 V、264 V、288 V*、312 V*、336 V*、360 V、384 V*、408 V、540 V、600 V*、650 V、700 V、750 V。

注：标有"*"的为优选等级。

1.4.2 永磁同步电机旋转变压器

某永磁同步电机的结构如图 1-4-1 所示。

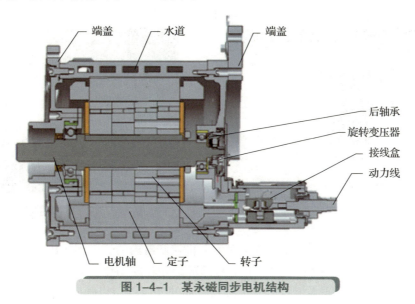

图 1-4-1 某永磁同步电机结构

机壳中含有冷却水道，电机端盖上有旋转变压器，用以监测转子位置，如图 1-4-2 所示。控制器解码后可以获知电机转速，定子上有 2 个温度传感器，埋设在定子绕组中，用以监测电机的绕组温度，控制器可以通过加速冷却风扇运转与降功率运行等措施保护电机避免过热，如图 1-4-3 所示。

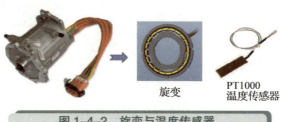

图 1-4-2 旋变与温度传感器

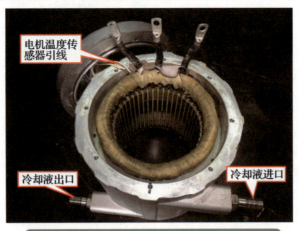

图 1-4-3　温度传感器与冷却液进出口

旋转变压器是转子位置传感器，用于确定电机转子的位置，便于电机控制器输出正确相位和频率的电压控制电机运转。旋转变压器转子安装在电机转子上，随其共同转动，旋转变压器定子安装在驱动电机后盖上，如图1-4-4和图1-4-5所示。

图 1-4-4　旋转变压器定子

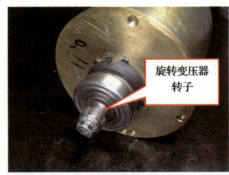

图 1-4-5　旋转变压器转子

旋转变压器用来测定转子磁极位置从而为电机控制器内的逆变器（IGBT模块）提供正确的换向信息，作为角度位置传感元件，常用的有光学编码器、磁性编码器和旋转变压器。

从原理上看，旋转变压器相当于一台可以转动的变压器。当励磁绕组以一定频率的交流电压励磁时，输出绕组的电压幅值与转子转角成正弦、余弦函数关系，或保持某一比例关系，或在一定转角范围内与转角呈线性关系，如图1-4-6所示。

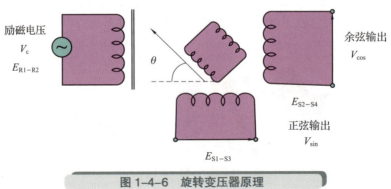

图 1-4-6　旋转变压器原理

旋转变压器定子上绕有励磁绕组、正弦绕组和余弦绕组。每个齿上的励磁绕组匝数相等，相邻两齿励磁绕组绕向相反，如图 1-4-7 所示。

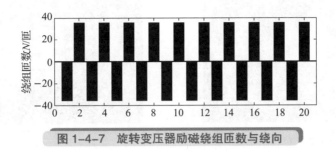

图 1-4-7　旋转变压器励磁绕组匝数与绕向

旋转变压器定子齿上正弦绕组的匝数随定子次序呈正弦分布，然后交替反向，具体方向也服从正弦分布，如图 1-4-8 所示。

定子齿上余弦绕组的匝数随定子次序呈余弦分布，绕向与正弦分布相似，如图 1-4-9 所示。

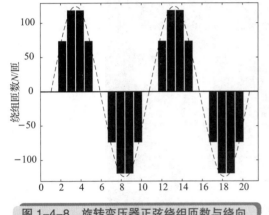

图 1-4-8　旋转变压器正弦绕组匝数与绕向

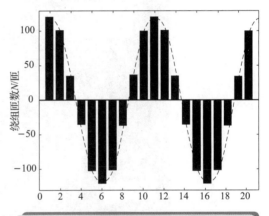

图 1-4-9　旋转变压器余弦绕组匝数与绕向

旋转变压器定子上有激励绕组、正弦绕组和余弦绕组，转子上有 4 个凸起，电机工作时，旋转变压器定子绕组上的激励绕组产生频率为 10 kHz，幅值为 7.5 V 的正弦波形作为基准信号，当电机转子与旋转变压器转子一起转动时，旋转变压器转子转过定子线圈，改变了定子线圈与转子之间的磁通，使得正弦绕组和余弦绕组受激励绕组感应，信号幅值产生一定变化，呈正弦和余弦波形。

波形的幅值和相位因与电机转子同转的旋转变压器转子的变化而变化，由此可判断出电机转子的位置、转速及旋转方向。

某驱动电机的组成如图 1-4-10 所示，从左至右由电机吊装支架、旋转变压器盖、电机接线盒、左端盖、电机壳体（包括定子与转子）、右端盖组成。

某驱动电机的转子如图 1-4-11 所示。转子由硅钢片叠压而成，内部嵌有永磁体，两端有轴承支撑转子的旋转运动，左端是电机转子带有花键的输出轴。

图 1-4-10 某驱动电机的组成　　　图 1-4-11 某驱动电机转子

某驱动电机定子共有 3 相绕组形成定子绕组，定子绕组内埋设有温度传感器，用来监控电机定子温度，当温度过高时，电动冷却液循环泵将加速运转给电机降温，电机外壳上有一进一出两个水管，用于冷却液循环给定子降温，如图 1-4-12 所示。

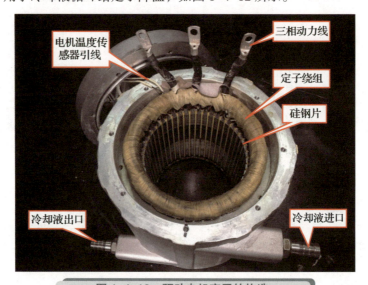

图 1-4-12 驱动电机定子的构造

驱动电机系统状态和故障信息会通过整车 CAN 上传给整车控制器（VCU），传输通道是两根信号线束，如图 1-4-13 所示，分别是电机到控制器的 19PIN 插件和控制器到 VCU 的 35PIN 插件。

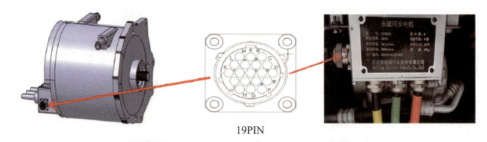

图 1-4-13 驱动电机 19PIN 插头位置

驱动电机低压控制信号接口的定义如表 1-4-1 所示。

表 1-4-1 驱动电机低压控制信号接口定义

连接器型号	编号	信号名称	说明
Amphenol RTOW01419PN03	A	激励绕组 R1	电机旋转变压器接口
	B	激励绕组 R2	
	C	余弦绕组 S1	
	D	余弦绕组 S3	
	E	正弦绕组 S2	
	F	正弦绕组 S4	
	G	THO	电机温度接口
	H	TLO	
	L	HVIL1（+L1）	高低压互锁接口
	M	HVIL2（+L2）	

1.4.3 驱动电机检测方法

国家标准 GB/T 18488.1—2015《电动汽车用驱动电机系统第 1 部分：技术条件》对驱动电机的部分要求有以下几项。

1. 一般要求

驱动电机应空转灵活，无定子、转子相摩擦现象或异常响声（如周期性的异响、轴承受损后的异响、微小异物卡滞在转动部位引起的异响等）；控制器应具有满足整车要求的通信功能、故障诊断的功能。

2. 一般性项目

驱动电机及控制器表面不应有明显的锈蚀、碰伤、划痕，涂覆层不应有剥落现象，紧固件连接应牢固，引出线或接线端应完整无损，颜色和标志应正确，铭牌的字迹和内容应清晰无误，且不得脱落。

3. 液冷系统冷却回路密封性能

液冷的电机及控制器应能承受产品技术文件规定的、不低于 200 kPa 的压力，无渗漏。

4. 驱动电机定子绕组冷却直流电阻

驱动电机定子绕组冷态直流电阻值应符合产品技术文件规定。

5. 驱动电机定子绕组对机壳的绝缘电阻

驱动电机定子绕组对机壳的冷态绝缘电阻值应大于 20 MΩ。

6. 驱动电机定子绕组对温度传感器的绝缘电阻

若驱动电机的温度传感器固定于定子绕组中，电机绕组对温度传感器的冷态绝缘电阻值应大于 20 MΩ；驱动电机定子绕组对温度传感器的热态绝缘电阻值应不低于式（1-4-1）的计算值，若按式（1-4-1）计算的绝缘电阻低于 0.38 MΩ，则按 0.38 MΩ 考核确定。

$$R = \frac{U_{\text{dmax}}}{1000 + \dfrac{p}{100}} \qquad (1\text{-}4\text{-}1)$$

式中　R——驱动电机定子绕组对机壳的热态绝缘电阻，单位为 MΩ；

　　　U_{dmax}——最高工作电压，单位为 V；

　　　p——驱动电机的持续功率，单位为 kW。

根据以上要求以及国家标准 GB/T 18488.2—2015《电动汽车用驱动电机系统第 2 部分：试验方法》，驱动电机的一般性试验项目主要有外观、外形和安装尺寸、质量、驱动电机控制器壳体机械强度、液冷系统冷却回路密封性能、驱动电机定子绕组冷态直流电阻、绝缘电阻等检测项目，下面对部分项目的检测方法进行说明。

1）外观

以目测为主，对于具有明确强度要求的技术参数，如紧固件的连接强度等，应辅之以力矩扳手等必要的工具。

2）液冷系统冷却回路密封性能

（1）该项试验宜将驱动电机和驱动电机控制器的冷却回路分开后单独测量。

（2）试验前，不允许对驱动电机或驱动电机控制器表面涂覆可以防止渗漏的涂层，但是允许进行无密封作用的化学防腐处理。

（3）试验使用的介质可以是液体或气体，液体介质可以是含防锈剂的水、煤油或黏度不高于水的非腐蚀性液体，气体介质可以是空气、氮气或惰性气体。

（4）用于测量试验介质压力的测量仪表的精度应不低于 1.5 级，量程应为试验压力的 1.5~3 倍。

（5）试验时，试验介质的温度应和试验环境的温度一致并保持稳定；将被试样品冷却回路的一端堵住，但不能产生影响密封性能的变形，向回路中充入试验介质，利用压力仪表测量施加的介质压力，使用液体介质试验时，需要将冷却回路腔内的空气排净。然后，逐渐加压至 GB/T 18488.1—2015 中 5.2.5 条规定的试验压力 200 kPa，并保持该压力至少 15 min。

（6）压力保持过程中，压力仪表显示值不应下降，其间不允许有可见的渗漏通过被试品壳壁和任何固定的连接处。如果试验介质为液体,则不得有明显可见的液滴或表面潮湿。

3)驱动电机定子绕组冷态直流电阻

(1)驱动电机定子绕组冷态直流电阻宜在实际冷状态下测量,并记录测量时的环境温度数值。

(2)绕组直流电阻的测量。测量绕组直流电阻时,通过绕组的试验电流应不超过其额定电流的10%,通电时间不超过1 min。测量时,驱动电机转子静止不动。绕组各相各支路的始末端均引出时,应分别测量各相各支路的直流电阻。如果各相绕组在电机内部连接,那么应在每个出线端间测量电阻。

4)绝缘电阻

(1)测量时被试样品的状态。绝缘电阻试验应分别在被试样品实际冷状态或热状态(如温升试验或高低温试验或湿热试验后)下进行。常规测试时,如无其他规定,绝缘电阻仅在实际冷状态下测量,并记录被试样品周围介质的温度。若需要在热状态下或者冷却回路通有冷却液的情况下测量绝缘电阻,则周围介质温度指试验时被试样品所在空间的温度或者冷却液的温度。

(2)兆欧表的选用。应根据被测绕组(或测量点)的最高工作电压选择兆欧表。当最高工作电压不超过250 V时,应选用500 V兆欧表,当最高工作电压超过250 V,但是不高于1 000 V时,应选用1 000 V兆欧表。测量时,应在兆欧表指针或者显示数值达到稳定后再读取数值。

(3)驱动电机定子绕组对机壳的绝缘电阻。如果各绕组的始末端单独引出,则应分别测量各绕组对机壳的绝缘电阻,不参加试验的其他绕组和埋置的检温元件等应与铁芯或机壳作电气连接,机壳应接地。当中性点连在一起而不易分开时,则测量所有连在一起的绕组对机壳的绝缘电阻。测量结束后,每个回路应对接地的机壳作电气连接使其放电。

(4)驱动电机定子绕组对温度传感器的绝缘电阻。如果驱动电机埋置有温度传感器,则应分别测量定子绕组与温度传感器之间的绝缘电阻。如果各绕组的始末端单独引出,则应分别测量各绕组对温度传感器的绝缘电阻,不参加试验的其他绕组和埋置的其他检温元件等应与铁芯或机壳作电气连接,机壳应接地。当绕组的中性点连在一起而不易分开时,则测量所有连在一起的绕组对温度传感器的绝缘电阻。测量结束后,每个回路应对接地的机壳作电气连接使其放电。

技能训练

1.4.4 比亚迪E5驱动电机的检测

比亚迪E5驱动电机的主要检测项目如表1-4-2所示。

表 1-4-2 检测项目

检测项目	要求
检查驱动电机外观标识	□检查并记录电机外观实际情况 □检查并记录电机铭牌信息 □转动手柄进行空转检查并记录
检查驱动电机冷却密封回路	□检查冷却密封回路 □安装（加气时不能漏气）冷却密封仪和堵头 □用压缩空气加压 200 kPa，保持 15 min 不下降，表明密封良好
测量冷态绝缘电阻	□测量并记录冷态绝缘电阻
测量绕组	□用接地电阻表电阻挡测量并记录绕组短路情况 □用数字万用表交流电压挡测量并记录绕组断路情况（转动手柄的同时观察万用表是否有数据显示）
测量旋变传感器	□用数字万用表电阻挡测量并记录旋变传感器各电阻
测量温度传感器	□用数字万用表电阻挡测量并记录定子温度传感器各电阻

根据以上检测项目完成作业，并将结果记录在表 1-4-3 中。

表 1-4-3 结果记录

序号	测试项目	技术要求	结果
1	外观	电机表面不应有锈蚀、碰伤、划痕，涂覆层不应有剥落，紧固件连接牢固，接线端完整无损	
2	标识	电机铭牌标识是否清楚，字迹是否清晰	
		（1）工作电压	
		（2）最大功率	
		（3）最高转速	
		（4）防护等级	
		（5）绝缘等级	
		（6）型号	
		（7）最大转矩	
3	空转检查	无定子、转子相摩擦或异响	
4	冷却回路密封性	标准要求：不低于 200 kPa，保压 15 min，无泄漏	

续表

序号	测试项目	技术要求	结果	
5	冷态绝缘电阻	兆欧表电压等级：1 000 V		
		标准要求：≥ 20 MΩ	U–壳	
			V–壳	
			W–壳	
		兆欧表电压等级：1 000 V		
		标准要求：≥ 20 MΩ	U–温度传感器	
			V–温度传感器	
			W–温度传感器	
6	绕组短路检查	测试条件：使用接地电阻表进行绕组间的电阻测量	U-V	
			V-W	
			W-U	
7	绕组断路检查	测试条件：使用专用工具转动电机，通过数字万用表测量电机绕组间的电压	U-V	
			V-W	
			W-U	
8	旋变传感器绕组阻值检查	标准要求：（12.5±2）Ω	正弦	
		标准要求：（12.5±2）Ω	余弦	
		标准要求：（6.5±2）Ω	励磁	
9	电机绕组温度传感器阻值检查	标准要求：10~40℃温度下，50.04~212.5 kΩ		

知识小结

1. 驱动电机、驱动电机控制器及它们工作必需的辅助装置的组合称为驱动电机系统；将电能转换成机械能为车辆行驶提供驱动力的电气装置称为驱动电机，该装置也可具备将机械能转化成电能的功能。控制动力电源与驱动电机之间能量传输的装置称为驱动电机控制器，由控制信号接口电路、驱动电机控制电路和驱动电路组成。

2. 旋转变压器是转子位置传感器，用于确定电机转子的位置，便于电机控制器输出正确相位和频率的电压控制电机运转。旋转变压器转子安装在电机转子上，随其共同转动，旋转变压器定子安装在驱动电机后盖上。

3. 旋转变压器用来测定转子磁极位置从而为电机控制器内的逆变器（IGBT模块）提供正确的换向信息，作为角度位置传感元件，常用的有光学编码器、磁性编码器和旋转变压器。

直流电机拆装

工作任务

某一低速电动车驱动电机性能异常,采用的是直流电动机,师傅让你对其进行性能测试,你知道如何安全、规范地进行检测吗?

任务分析

要进行直流电机的检测,学生要掌握直流电机的结构和原理,掌握直流电机拆装方法,正确、安全地使用检测仪器等。

相关知识

直流电机是实现直流电能与机械能相互转换的一种旋转电机,它包括直流发电机和直流电动机。在直流电机中,将机械能转化为电能的是直流发电机,将电能转化为机械能的是直流电动机。与交流电机相比,直流电机结构复杂、成本高、维护麻烦,但直流电机具有良好的调速性能、较大的起动转矩和过载能力强等优点,因此在低速电动车中有广泛应用。

1.5.1 直流电机的基本构造

直流电机的基本构造如图 1-5-1 所示,结构简图如图 1-5-2 所示。

任务5 直流电机拆装

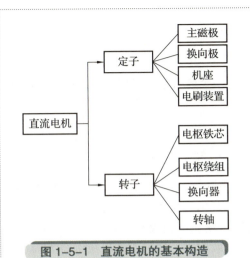

图1-5-1 直流电机的基本构造

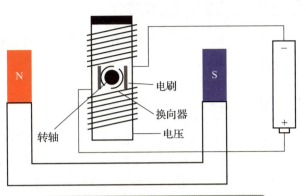

图1-5-2 直流电机结构简图

可以看出，直流电机由定子和转子组成，如图1-5-3所示。定子由主磁极、换向极、机座和电刷装置组成；转子由电枢铁芯、电枢绕组、换向器和转轴等组成。通电线圈会产生磁场，运用右手定则，右手食指方向为电流方向，右手握住线圈，沿拇指方向产生了向下的磁力线，由于线圈绕在磁极上，磁力线由磁极通过转子的电枢铁芯，再通过磁轭构成了一个闭合的磁力回路。

某型直流电机结构如图1-5-4所示。

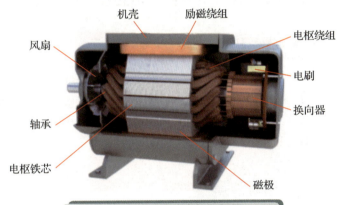

图1-5-3 直流电机剖视图

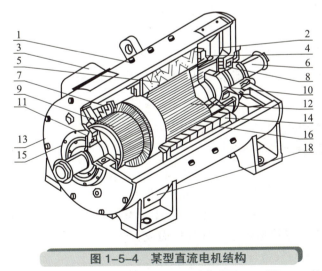

图1-5-4 某型直流电机结构

1—机座；2—风扇；3—出线盒；4—主极线圈；5—主极铁芯；6—电枢线圈；7—刷架；8—轴承；9—换向器；10—转轴；11—轴承盖；12—电枢；13—端盖；14—换向极线圈；15—注油孔；16—换向极铁芯；17—螺母垫圈；18—视察孔

1.5.2 定子

定子的作用就是产生磁场和作为电机的机械支撑。定子主要包括主磁极、换向极、电刷装置和机座4个主要部分。

1. 主磁极

主磁极铁芯一般采用0.5~1.5 mm厚的低碳钢板冲片叠压而成。靠近气隙的较宽部分称为极靴，它既可以使气隙分布均匀，又便于固定励磁绕组；套励磁绕组的那部分铁芯称为极身。励磁绕组采用绝缘铜线绕制而成，再经绝缘处理，然后套装在主磁极铁芯上，最后将整个主磁极用螺钉均匀地固定在机座的内圆上。励磁绕组一般串联起来，通过直流励磁电流I，从而能够保证主磁极N、S交替分布。主磁极的作用就是产生主磁通，这个磁场就称之为主磁场。

2. 换向极

换向极铁芯一般采用整块钢或厚钢板叠成。换向极绕组采用较粗绝缘铜线绕成，匝数较少，且与电枢绕组串联。换向极安装在两主磁极之间的中心线上，且用螺钉固定于机座内圆上，其作用是改善换向。换向极绕组一般是用绝缘导线绕制而成，套在换向极铁芯上，换向极的数目和主磁极就会相等。

3. 电刷装置

电刷装置的作用是使旋转的电枢绕组与固定不动的外电路相连接，引入或引出直流电流。电刷装置由电刷、刷握、刷杆座组成。

4. 机座

机座既是电机磁路的一部分，又可用来固定主磁极、换向极、端盖等零部件，所以要求它有良好的导磁性能和力学强度，一般采用低碳钢浇铸或钢板焊接而成。

1.5.3 转子

1. 电枢铁芯

电枢铁芯是磁路的一部分，用来嵌放电枢绕组。电枢铁芯一般采用0.35 mm或者0.5 mm厚的有齿、槽且两面涂有绝缘漆的硅钢片叠压而成。电枢铁芯上有轴向通风孔，利于设备在运行过程中进行通风，提高设备寿命。

2. 电枢绕组

电枢绕组是电路的一部分，由绝缘铜线绕制而成的许多个线圈，嵌放在电枢铁芯槽内，按一定规律经换向片连接成整体。电枢绕组的作用是产生感应电动势和电磁转矩，从而实现能量转换，是电机的重要组成部分。

3. 换向器

换向器是直流电机的关键部件。它是由许多楔形铜片（间隙填充有 0.4~1.0 mm 的云母片）绝缘组装而成的圆柱体。每片换向片的一端有高出的部分，上面铣有线槽供线圈引出端焊接用。换向片的下部做成燕尾形，然后用钢制的 V 形套筒和 V 形云母环固定，称为金属换向器。

1.5.4 直流电机的工作原理

1. 直流发电机状态

图 1-5-5 中 N、S 是静止的磁极，它们会产生磁通。能够在两磁极之间转动的铁芯和线圈 a、b、c、d 称为转子。线圈的两个端头接在相互绝缘的两只铜质半圆环 1 和 2 上。半圆环 1 和 2 称为换向片，它们固定于转轴上且与转轴绝缘。在空间静止的电刷 A 和 B 与换向片滑动接触，使旋转的线圈与外面静止的电路相连。

当原动机拖动发电机以恒定转速转动的时候，线圈的两条边 ab 和 cd 切割磁力线，根据电磁感应定律可知，在其中产生感应电动势，其方向可以凭借右手定则来判定。如图 1-5-5 所示，一根导体中感应电动势的大小为 $e = B_x L v$，其中 B_x 是导体所在处的磁通密度（Wb/m^2）；L 是导体切割磁力线的有效长度（m）；v 是导体线速度（m/s）。

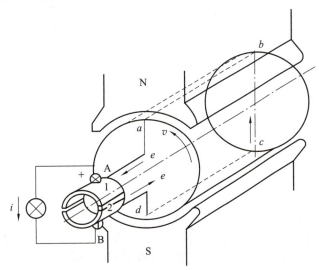

图 1-5-5 两极直流发电机状态

如果电枢沿逆时针方向旋转，当导线 ab 在 N 极下时，根据感应电动势的方向可知，此时 A 刷为正电位，B 刷为负电位。外电路中的电流由 A 刷经负载流向 B 刷。当电枢旋转 180° 时，导线 cd 转到 N 极下，感应电动势方向改变了。但 a 端所接的换向片 1 转至与 B 刷相接触，d 端所接的换向片 2 转到与 A 刷相接触。这时，A 刷仍具有正电位，B 刷仍具有负电位。

外电路中的电流仍是由 A 刷经负载流向 B 刷。当电枢旋转时，线圈中产生交变电动势，只要电枢转向不变，由于换向片和电刷即换向装置的作用，电刷 A 和 B 始终具有固定的极性，这就是直流发电机的基本工作原理。

2. 直流电动机的工作原理

图 1-5-6 所示为直流电动机的工作原理。直流电动机工作时接于直流电源上，如 A 刷接电源正极，B 刷接电源负极，则电流从 A 刷流入，经线圈 a、b、c、d，至 B 刷流出。图 1-5-6 所示瞬间，在 N 极下的导线 ab 中电流方向由 a 到 b；在 S 极下的导线 cd 中电流方向由 c 到 d。根据电磁力定律知道，载流导体在磁场中要受力，其方向可由左手定则判定，其大小可以表示为 $f = B_x LI$，其中 B_x 是导体所在处的磁通密度（Wb/m^2）；L 是导体切割磁力线的有效长度（m）；I 是导体中流过的电流（A）。

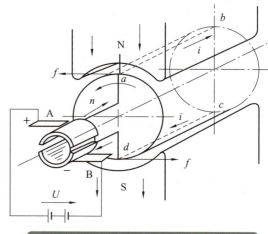

图 1-5-6　直流电动机的工作原理

导线 ab 的受力方向向左，导线 cd 的受力方向向右。两个电磁力对转轴所形成的电磁转矩为逆时针方向，电磁转矩使电枢逆时针方向旋转。当线圈转过 180°时，换向片 2 转至与 A 刷接触，换向片 1 转至与 B 刷接触。电流由正极经换向片 2 流入，导线 dc 中电流由 d 流向 c，导线 ba 中电流由 b 流向 a，由换向片 1 经 B 刷流回负极。导线中的电流方向改变了，导线所在磁场的极性也改变了，电磁力及电磁力对转轴所形成的电磁转矩的方向未变，仍为逆时针方向，这样可使电动机沿一个方向连续旋转下去。通过换向装置，使每一极面下的导体中的电流方向始终不变，因而产生单方向的电磁转矩，电枢向一个方向旋转，这就是直流电动机的基本工作原理。

不论是直流发电机还是直流电动机，电刷之间的外部电压都是直流的，而线圈内部的电流却是交变的，所以换向器是直流电机中的关键部件。直流电机具有可逆性，原则上既可以作为发电机运行，也可以作为电动机运行，只是外部条件不同而已。

1.5.5 直流电机驱动系统

电机的转速调节可以通过调节电枢电压和励磁电流来实现。相比于其他类型的直流电机，他励直流电机电枢电压和励磁可以独立控制，这为转矩和转速控制提供了更大的灵活性。在电动汽车应用中，最合乎需要的转矩-转速特性是在某一转速（基速）以下为恒转矩；而在超过基速的范围内，随着转速增加，转矩呈抛物线下降（恒功率），如图 1-5-7 所示。在低于基速的转速范围内，保持励磁电流为额定值，调节电枢电压可以调节电机转速：电枢电压降低引起电枢电流减小，进而导致电机转矩减小，从而电机转速降低。反之，电枢电压升高引起电枢电流增加，进而导致电机转矩增加，从而电机转速升高。电枢电压随着转速升高或降低成正比增加和减小。在基速以下当电枢电流达到额定值时，电机输出额定转矩；在基速时，电枢电压达到额定值,且不能进一步增加;为进一步提高转速,磁场必须随着转速的增加而变弱,而且反电动势和电枢电流保持不变,此时,输出转矩随着转速增加呈抛物线下降,且其输出功率保持不变,如图1-5-7所示。在电动汽车电驱动系统中,常常采用两种控制方法相结合,车辆起步时保持励磁电压不变调节绕组电压直到电机达到基速运行,然后保持电枢电压为额定值不变,采用磁场调节控制以获得较高速度。

调节电枢电压和励磁磁通都需要专门的可控直流电源,目前大多采用

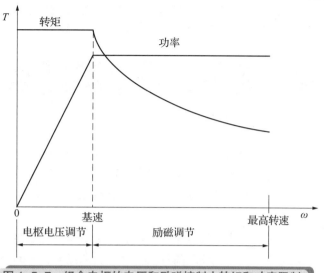

图1-5-7 组合电枢的电压和励磁控制中转矩和功率限制

直流-直流变换器实现。直流-直流变换器也称作斩波器,具有效率高、控制灵活、因高频工作可以减小设备尺寸和质量轻等许多优点,同时响应速度快、输出脉动小,对于电机驱动来说,采用斩波器驱动的电机在很低的速度下也可以实现再生制动。

电动汽车上的直流电动机要能多象限运行,包括正转、正转制动、反转、反转制动,如图1-5-8所示。如果设置有倒车挡则仅要求电机在第一和第四象限运行。电机驱动最常用的两象限斩波器如图1-5-9所示。

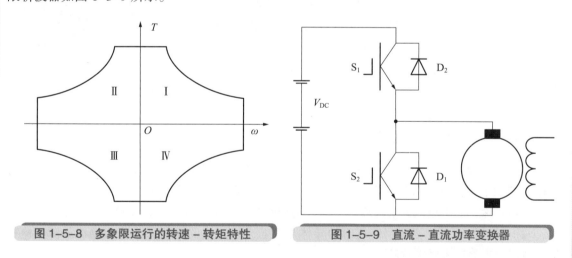

图1-5-8 多象限运行的转速-转矩特性　　图1-5-9 直流-直流功率变换器

直流电机驱动系统中换向器和电刷的使用带来了一系列问题。换向器会引起转矩波动,电机速度也受到限制,电刷则会带来摩擦和音频干扰。此外,考虑换向器和电刷的磨损,直流电机需要定期维护,这些缺点决定了直流电机驱动系统可靠性低并且不能免维护,这就限制了其在现代电动汽车驱动系统中的使用。

技能训练

1.5.6 驱动电机的检修

1. 安全注意事项

因驱动电机由高压供电工作，所以应做好高压安全防护。

（1）当举升车辆，操作人员位于车辆底部时，应穿戴绝缘头盔、绝缘手套、绝缘鞋和护目镜。

（2）当插/拔驱动电机相关高压线束时，应按正确操作规范先进行下电操作，再进行其他相关操作。

电机故障集电气故障与机械故障于一体，在征兆的表现上呈多样性，既有机械故障的一般特性，也有电气、磁场故障等的特性。长期以来，人们分析大量的故障结果发现，电机故障按其原因分：70%左右源于机械故障（主要是轴承故障），30%左右源于电气故障（主要是绕组故障）。

2. 常见机械故障

（1）一般由于轴承严重超差及端盖内孔磨损或端盖止口与机壳止口磨损变形，使电机壳、端盖、转子三者不同轴心，引起扫膛，如图1-5-10所示。

（2）振动多数是由于转子动平衡不好，轴承不良，转轴弯曲，端盖、机壳与转子不同轴心，紧固件松动等造成的。振动不但会产生噪声，还会产生额外负荷。

（3）轴承过热多数是由于轴承的配合公差太紧或太松、轴承损坏等造成的。

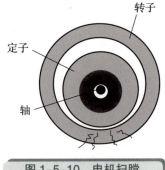

图1-5-10 电机扫膛

3. 常见电气故障

（1）电压偏高会使励磁电流增大，导致电机过热，过高的电压会危及电机的绝缘，使其有被击穿的危险。电压过低，电磁转矩会大大降低，相同负载下导致电机转速下降。三相绕组电压不对称，即一相电压偏高或偏低时，会导致某相电流过大，电机发热而损坏绕组。

（2）绕组绝缘受到损坏，使绕组的导体与铁芯或机壳之间相碰即为绕组绝缘故障。电机绝缘故障时容易产生触电危险。

（3）绕组短路故障。绕组中相邻两条导线之间的绝缘层损坏后，使两导体相碰，就称为绕组短路。发生在同一绕组中的绕组短路称为匝间短路，如图1-5-11所示，发生在两相绕组之间的绕组短路称为相间短路，如图1-5-12所示。无论哪种短路，都会引起某一相或两相的电流增加，引起局部过热，使绝缘层老化损坏电机。

（4）绕组断路故障。绕组断路是指电机的定子或转子绕组碰断或烧断造成的故障。

（5）电机缺相运行故障。永磁同步电机在运行过程中，断了一相绕组就会形成缺相运行。如果电机的负载没有改变，则电机处于严重过载状态，定子电流将达到额定值的2倍甚至更高，时间稍长电机就会烧毁。

图1-5-11 匝间短路

图1-5-12 相间短路

4. 电机故障检查方法

（1）听：认真听电机的运行声音是否异常。可将车辆举升，使驱动电机运转，借助螺丝刀或听棒等辅助工具，贴近电机两端听，以便发现电机是否存在不良振动。

（2）闻：通过闻电机的气味也能判断故障。若发现有特殊的油漆味，说明电机内部温度过高；若发现较重的烟味，则可能是绝缘层被击穿或绕组已烧毁。

（3）摸：摸电机一些部位的温度也可判断故障原因。用手背去碰触电机外壳、轴承周围部分，若发现温度异常，其原因可能为散热不良、电机过载、定子绕组匝间短路或三相电流不平衡，若轴承周围温度过高，则可能是轴承损坏。

（4）绝缘电阻测量：使用兆欧表或绝缘测试仪的1000V挡位测量电机三相绕组引出线与机壳之间的绝缘电阻，正常情况下应大于500 Ω/V 或电机整体绝缘电阻大于2 MΩ，表明电机绝缘良好。

因绝缘故障会导致触电事故，所以新能源汽车车载诊断系统对绝缘故障均有良好的检测与报警功能。当车辆高压系统出现绝缘故障时，组合仪表会提示车辆存在严重故障或标明绝缘故障。

知识小结

1. 直流电机是实现直流电能与机械能相互转换的一种旋转电机。它包括直流发电机和直流电动机。将机械能转化为电能的是直流发电机，将电能转化为机械能的是直流电动机。

2. 直流电机由定子和转子组成。定子包括主磁极、换向极、机座和电刷装置组成；转子由电枢铁芯、电枢绕组、换向器和转轴等组成。通电线圈会产生磁场，运用右手定则，右手食指方向为电流方向，右手握住线圈，沿拇指方向产生了向下的磁力线，由于线圈绕在磁极上，磁力线由磁极通过转子的电枢铁芯，再通过磁轭构成了一个闭合的磁力回路。

感应电机检测

工作任务

假设你在某新能源汽车 4S 店工作,今天接了一辆特斯拉 Model S 纯电动汽车,经检查该车在行驶中存在异响,师傅告知你需拆下电机及减速器进行检查。你知道如何安全、规范地将感应电机进行拆装和检测吗?

任务分析

学生需要掌握感应电机的结构与原理,才能够正确地进行拆装。通过训练学生能够正确地选用工具,安全、正确地进行感应电机的检测。

相关知识

1.6.1 感应电机的基本概念

感应电机是目前工业中应用十分广泛的一类电机,其特点是定、转子由硅钢片叠压而成,两端用铝盖封装,定、转子之间没有互相接触的机械部件,结构简单,运行可靠耐用,维修方便。感应电机如图 1-6-1 所示。

由于感应电机的转子上没有永磁体,也无须换向器、电刷,使得感应电机具有结构简单、制造方便、成本低、可靠性好等优点,感应电机的控制也较为成熟。

感应电机的转子上没有线圈绕组,也没有

图 1-6-1 感应电机

永磁体，结构简单坚固，耐高温能力强，不需要维护。

感应电机与同功率的直流电机相比效率更高，质量约小了1/2。如果采用矢量控制方法，它可以获得与直流电机相媲美的可控性和更高的调速范围。由于有着效率高、比功率大、适合于高速运转等优势，感应电机目前在大功率电动汽车上应用较广。

感应电机在高速运转时，电机转子发热严重，工作时要保证电机冷却，同时感应电机的驱动和控制系统较复杂，运行时还需要变频器提供额外的无功功率来建立磁场，故相比永磁同步电机和开关磁阻电机，感应电机的效率和功率密度偏低，不是能效最优化的选择。

感应电机在新能源汽车上应用较多的是美国，这被认为和路况有关。在美国，高速公路具有一定的规模，除了大城市外，汽车一般以一定的高速持续行驶，所以高速运转而且在高速时有较高效率的感应电机得到了广泛应用。

在电动汽车发展早期，很多电动汽车都是采用直流电动机，主要是看中了直流电机的技术成熟、控制方式容易、调速优良等特点。但由于直流电机本身的短板非常突出，其自身复杂的机械结构（电刷和机械换向器等）制约了它的瞬时过载能力和电机转速的进一步提高；而且在长时间工作的情况下，电机的机械结构会产生损坏，提高了维护成本。此外，电机运转时的电刷火花会使转子发热，浪费能量，散热困难，还会造成高频电磁干扰，这些因素都会影响具体整车性能。由于直流电机的缺点非常突出，目前电动汽车已不再使用直流电机。

1.6.2 感应电机的组成结构

感应电机由两个基本部分组成：定子和转子，如图1-6-2所示。

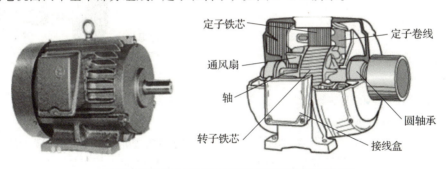

图1-6-2 感应电机组成结构

1. 定子

定子在空间静止不动，主要由定子铁芯、定子绕组、机座和底脚等部分组成。

1）定子铁芯

定子铁芯呈圆筒状，装入机座内，它是电机主磁通磁路的一部分，如图1-6-3所示。为了减小铁芯损耗，它是由厚度为0.5 mm，片间用绝缘漆绝缘的硅钢片叠装压紧而成。定子铁芯圆周内表面沿轴向有均匀分布的直

图1-6-3 感应电机定子

槽，用以嵌放定子绕组。为了增加散热面积，当定子铁芯比较长时，沿轴线方向上每隔一定距离有一条通风沟。

2）定子绕组

定子绕组由在空间相差 120° 电角度，对称排列的结构完全相同的三相绕组组成。为了产生多对磁极的旋转磁场，每相绕组可以由多个线圈串联组成。每相绕组的各个导体按照一定的规律分散嵌放在定子铁芯槽内。三相定子绕组要与交流电源相接。为此，将三相定子绕组的首、末端都引到固定的电动机外壳的接线盒上。

3）机座

机座通常由铸钢或铸铁组成，是整个电机的支承部分。为了加强散热能力，其外表面有散热筋。

2. 转子

转子是电动机的旋转部分，转子由转子铁芯和转子绕组组成。

1）转子铁芯

转子铁芯是电动机主磁通的一部分。转子铁芯固定在转轴上，可绕轴转动。与定子铁芯一样，转子铁芯也是由 0.5 mm 厚的硅钢片冲压而成。转子外表面分布有冲槽，槽内安放转子绕组，如图 1-6-4 所示。

图 1-6-4　感应电机转子

2）转子绕组

转子绕组是自成闭路的短路线圈。转子绕组不需外接电源供电，其电流是由电磁感应作用产生的。它有两种结构形式：笼形转子和绕线式转子。

笼形转子是在铁芯槽内放置铜条，铜条两端用铜制短路环焊接起来，如图 1-6-5 所示。

如果将定子铁芯去掉，转子绕组的形状如鼠笼，故称为笼形转子。笼形转子的优点是结构简单、价格便宜、运行安全可靠、使用方便等，笼形电机已成为使用最广泛的电机。现在，中、小型笼形电机的转子一般都采用铸铝转子，采用压力浇铸或离心浇铸的方法将转子槽中的导体、短路环以及端部的风扇铸造在一起，与转子铁芯形成一个整体，如图 1-6-6 所示。

绕线式转子的绕组与定子绕组一样，也是三相对称绕组，按一定规律嵌放在转子表面的冲槽内。转子绕组通常接成星形，其 3 个末端连在一起，埋设在转子内，而 3 个首端则连接到装在转轴一端的 3 个铜制滑环上。3 个滑环之间，以及它们与转轴之间都是彼此绝缘的。滑环与固定在端盖上的电刷架内的电刷滑动接触。三相绕组的首端就通过这种电刷、滑环结构与外部变阻器相连接。

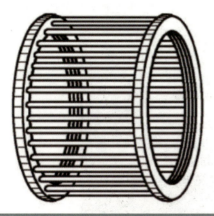
图 1-6-5 鼠笼式感应电机转子绕组

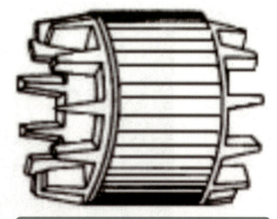
图 1-6-6 铸铝转子

为了保证转子能够自由旋转,在定子与转子之间必须留有一定的空气隙。中小型电动机的空气隙在 0.2~1.5 mm。气隙的大小对感应电机的运行有很大影响。气隙越小,则磁路中的磁阻越小,定子与转子之间的互相感应作用就越好,可以降低电机的励磁电流,提高电机的功率因数。但是气隙过小,会对电机的装配带来困难,对定转子的同心度要求也会很高,并导致运行不可靠。

1.6.3 感应电机在纯电动汽车上的应用

感应电机主要是以特斯拉为首的美国车企和部分欧洲车企使用,中国、日本在内的其他国家使用最广泛的新能源汽车电机仍是永磁同步电机。永磁同步电机在我国新能源汽车中的使用占比超过 90%。

特斯拉选择感应电机,一方面与特斯拉最初的技术路径选择有关,感应电机价格低廉,而偏大的体积对于美式车并不重要;另一方面,美国高速路网发达,行车环境多为高速长途行驶,感应电机在高速区间效率性能上佳。图 1-6-7 所示为特斯拉 Model S 轿车。

特斯拉使用感应电机的优势如下:

(1) 感应电机应用在汽车上最大的缺陷是很难控制转子的旋转速度,随着半导体控制技术的发展,特斯拉已解决了这个问题。

图 1-6-7 特斯拉 Model S 轿车

(2) 感应电机能耐受大幅度的工作温度变化,相反,温度大幅变化会损坏永磁电机。

(3) 感应电机的输出扭矩可以在大范围内调整,无须安装第二套乃至第三套传动机构。特斯拉设计的电机转速能达到 6 000 r/min,并且能产生最高为 400 N·m 的扭矩,能在加速或爬坡时强制提高输出扭矩,永磁电机的电动汽车要通过齿轮变速器输出更多的扭矩提高加速能力。

(4) 由于感应电机对温度耐受范围大,特斯拉的电机不需要像其他电动车那样安装散热器、冷却风扇、水泵及相关管路等,也无须安装其余的传动机构,因此其电机的体积和质量大大缩小。特斯拉电机的体积类似西瓜，质量为 52 kg。特斯拉电机如图 1-6-8 所示。

图 1-6-8　特斯拉 Model S 感应电机

特斯拉 Model S 所采用的感应电机系统具有质量轻、效率高及结构紧凑的优点。特斯拉 Model S 性能参数如表 1-6-1 所示。

表 1-6-1　特斯拉 Model S 性能参数

电池容量	60 kW·h	85 kW·h	85 kW·h 性能板
急出售价	62 400 美元	72 400 美元	87 400 美元
车型	全尺寸四门运动轿车		
挡位	单个固定挡位，传动比 9.73∶1		
电动机	后置后驱，感应电机		
最大功率	225 kW （5 000~8 000 r/min）	270 kW （6 000~9 500 r/min）	310 kW （5 000~8 600 r/min）
峰值扭矩	430 N·m （0~5 000 r/min）	440 N·m （0~5 800 r/min）	600 N·m （0~5 100 r/min）
0 至 96 km/h 加速	5.9 s	5.4 s	4.2 s
续航里程（特斯拉测定）	370 km	480 km	
续航里程（美国环保部测定）	335 km	426 km	
最高速度	193 km/h	201 km/h	209 km/h
电池保修	8 年 12.5 万英里[①]	8 年不限里程	
超级充电站	2 000 美元	终身免费	

② 1 英里 =1.639 千米。

技能训练

1.6.4 感应电机检修

1. 安全注意事项

因驱动电机由高压供电工作,所以应做好高压安全防护。

(1)当举升车辆,操作人员位于车辆底部时,应穿戴绝缘头盔、绝缘手套、绝缘鞋和护目镜。

(2)当插/拔驱动电机相关高压线束时,应按正确操作规范先进行下电操作,再进行其他相关操作,应穿戴绝缘头盔、绝缘手套、绝缘鞋和护目镜。

2. 常见机械故障

(1)一般由于轴承严重超差及端盖内孔磨损或端盖止口与机壳止口磨损变形,使电机壳、端盖、转子三者不同轴心引起扫膛,如图1-6-9所示。

(2)振动多数是由于转子动平衡不好,轴承不良,转轴弯曲,端盖、机壳与转子不同轴心,紧固件松动等造成的。振动不但会产生噪声,还会产生额外负荷。

(3)轴承过热多数是由于轴承的配合公差太紧或太松、轴承损坏等造成的。

图1-6-9 电机扫膛

3. 常见电气故障

同其他电机检测方法一致。

4. 电机故障检查方法

(1)~(4)步同其他电机检测方法一致。

(5)使用电桥箱或万用表检测定子绕组电阻。

使用万用表笔挨个测量电机三相绕组输出线中任意两根输出线电阻,若一组的被测电阻与其他两组存在差别,则定子绕组存在短路的可能,如图1-6-10所示。

图 1-6-10 万用表测量绕组电阻

20 kW 以上功率的感应电机，其定子绕组电阻很小，应该用电桥对其进行测量，如图 1-6-11 所示。

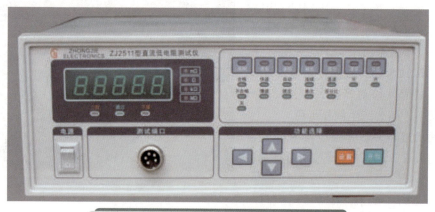

图 1-6-11 电桥测量仪

知识小结

1. 感应电机的转子上没有线圈绕组，也没有永磁体，结构简单、坚固，耐高温能力强，不需要维护。

2. 定子绕组由在空间相差 120° 电角度，对称排列的结构完全相同的三相绕组组成。为了产生多对磁极的旋转磁场，每相绕组可以由多个线圈串联组成。

3. 旋转磁场的方向是由三相绕组中电流相序决定的，若想改变旋转磁场的方向，只要改变通入定子绕组的电流相序，即将三根电源线中的任意两根对调即可。

学习情境 2
动力传动系统拆装与调整

【学习目标】

1. 能通过与客户交流、查阅相关维修技术资料等方式获取车辆信息。
2. 能根据故障现象选择合适的维修手册。
3. 能正确认知减速驱动桥的结构。
4. 能正确进行动力总成的拆卸、减速器的拆卸和拆解。
5. 能正确使用安全防护套装及检测仪器、工具。

动力传动总成拆卸

工作任务

假设你在新能源汽车某 4S 店工作,今天接了一辆比亚迪 E5 纯电动汽车,该车行驶中伴随不同车速,从底盘前部传来异响声,师傅告诉你需要拆卸动力总成,你知道怎么将动力总成拆卸下来吗?

任务分析

拆解动力总成需要掌握动力总成的结构、减速器构造原理等。通过任务学生可以掌握动力总成的拆卸过程,安全、正确地进行相关操作。

相关知识

新能源汽车动力系统主要由驱动电机、减速驱动桥等组成。驱动电机在车上的布置形式对车辆性能有很大影响。下面以纯电动汽车为例讲述。

纯电动汽车动力系统形式是指驱动轮数量、位置以及驱动电机系统布置的形式。电动汽车的驱动系统是电动汽车的核心部分,其性能决定着电动汽车行驶性能的好坏。电动汽车的驱动系统布置取决于电机驱动方式,可以有多种类型。电动汽车的驱动方式主要有后轮驱动、前轮驱动和四轮驱动。

2.1.1 纯电动汽车驱动形式

1. 后轮驱动方式

后轮驱动方式是传统的布置方式,适合中高级电动轿车和各种类型电动客货车,有利于车轴负荷分配均匀,汽车操纵稳定性、行驶平顺性较好。后轮驱动方式主要有传统后驱动布置形式、电机-驱动桥组合后驱动布置形式、电机-变速器一体化后驱动布置形式、轮边电机后驱动布置形式、轮毂电机后驱动布置形式等。

传统后驱动布置形式如图2-1-1所示,它与传统内燃机汽车后轮驱动系统的布置方式基本一致,带有离合器、变速器和传动轴,驱动桥与内燃机汽车驱动桥一样,只是将发动机换成电机。

变速器通常有2~3个挡位,可以提高电动汽车的起动转矩,增加低速时电动汽车的后备功率。这种布置形式一般用于改造型电动汽车。

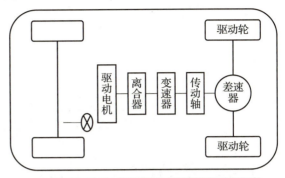

图2-1-1 传统后驱动布置形式

2. 电机-驱动桥组合后驱动布置形式

电机-驱动桥组合后驱动布置形式如图2-1-2所示。

它取消了离合器、变速器和传动轴,但具有减速差速机构,把驱动电机、固定速比的减速器和差速器集成为一个整体,通过2个半轴来驱动车轮。此种布置形式的整个传动长度比较短,传动装置体积小,占用空间小,容易布置,可以进一步降低整车的重量;但对电机的要求较高,不仅要求电机具有较高的起动转矩,而且要求具有较大的后备功率,以保证电动汽车的起动、爬坡、加速超车等动力性。一般低速电动汽车采用这种布置形式。

电机-驱动桥组合后驱动布置形式采用的驱动桥与内燃机汽车驱动桥不同,需要电动汽车专用后驱动桥,如图2-1-3所示。

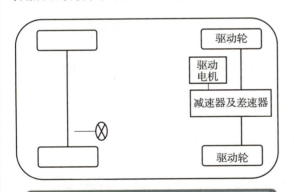

图2-1-2 电机-驱动桥组合后驱动布置形式

图2-1-3 电动汽车专用后驱动桥

3. 电机-变速器一体化后驱动布置形式

电机-变速器一体化后驱动布置形式如图2-1-4所示,相比单一的电机驱动系统,一体化驱动系统可以综合协调控制电机和变速器,最大限度地改善电机输出动力特性,增大电机转矩输出范围,在提升电动汽车的动力性的同时,使电机最大限度地工作在高效经济区域内。变速器一般采用2挡自动变速器。该驱动组件以一体化为前提来设计电机和变速器,省去了用于从后方连接的部件及空间,从而缩小了轴向尺寸。

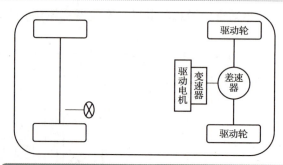

图 2-1-4 电机-变速器一体化后驱动布置形式

4. 轮边电机后驱动布置形式

轮边电机后驱动布置形式如图 2-1-5 所示,轮边电机与减速器集成后融入驱动桥上,采用刚性连接,减少高压电器数量和动力传输线路长度;优化后的驱动系统可降低车身高度,提高承载量,提升有效空间。

轮边电机后驱动布置形式可用于电动客车。图 2-1-6 所示为某电动客车采用的轮边电机后驱动桥实物。

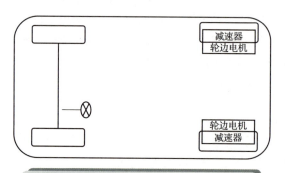

图 2-1-5 轮边电机后驱动布置形式

图 2-1-6 某客车的轮边减速电机

5. 轮毂电机后驱动布置形式

轮毂电机后驱动布置形式如图 2-1-7 所示,轮毂电机直接安装在车轮上,此时,轮毂是电机的转子,羊角轴承座是定子。

图 2-1-8 所示为轮毂电机后驱动的纯电动汽车,它大大减少了零部件的数量和动力系统的体积,让车辆的动力系统变得更加简单,大大提高了车内空间的实用性和利用率。

每个车轮独立的轮毂电机相比一般电动汽车,也省掉了传动半轴和差速器等装置,同样节省了大量空间且传动效率更高。将动力蓄电池放置在传统的发动机舱中,而将辅助蓄电池、电机控制器、充电机等布置在车尾附近,根据实际需要,可以在车辆上灵活地布置电池组。

从另一个方面来看,在满足目前空间需求的前提下,使用轮毂电机驱动的车辆在体积上可以变得更加小巧,这将改善城市中的拥堵和停车等问题。同时,独立的轮毂电机在驱动车辆方面灵活性更高,能够实现传统车辆难以实现的功能或驾驶特性。

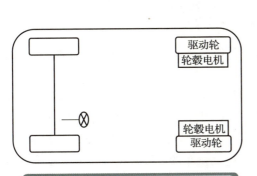
图2-1-7 轮毂电机后驱动布置形式

图2-1-8 轮毂电机后驱动的纯电动汽车

2.1.2 电动汽车减速器概述

以特斯拉和日产聆风为例的一些主流纯电动汽车并没有搭载一台传统变速器,而是单纯搭载一组减速器,并不提供换挡功能。

对于纯电动汽车,电机从0转速开始就能全扭矩输出,没有怠速问题困扰,初始扭矩比内燃机大。对于纯电动汽车不存在起步问题,就不需要搭配"大齿比减速器"。对于内燃机车而言,"高挡位小齿比"通常是车辆高速运行时使用,可降低发动机转速,一方面可以使发动机偏向经济转速运行,可以节油,另一方面可以降低噪声。对于电动车来说,不同转速下电能转化为机械能效率区别并不大,电机噪声也远小于内燃机,不必刻意压低电动机转速。

这两方面原因使电机既不需要大齿比变速,也不需要小齿比变速,电动车只需要配一个齿比中等的减速器就可以了。特斯拉只单独配了一个齿比为9.73的减速器,日产聆风的减速器齿比为8.19。从实际结果来看,这个中等大小齿比的减速器可以满足电动车起步和加速的动力需求,电动机本身高转速运行也可以使整车跑出高速度。电机外特性曲线如图2-1-9所示。

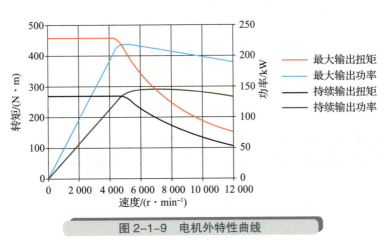
图2-1-9 电机外特性曲线

2.1.3 电动汽车多齿比变速器

由于电动机扭矩输出和电动机转速无关，因此目前绝大部分依靠电动机进行末端驱动的新能源汽车配备的都是单级变速箱或减速器。

单速变速器也称为单级减速器，这种变速器不用换挡，也不能通过换挡提高电动汽车的速度。现在市面销售的纯电动汽车，如特斯拉、宝马 i3、北汽电动车、比亚迪 E5、帝豪 EV、腾势、江淮 IEV5 等，都采用单级减速器与电机配合使用。其优点为：成本低、结构简单易安装、故障率低、动力损失小、体积小。缺点是：当电动汽车的速度较高时，电机转速很高，输出力矩较小，不足以维持电动汽车高速行驶，严重影响电动汽车中后段加速性能和最高时速。

一家名为"驱动系统设计"的公司研发了一款多齿比变速器，实现了商业化应用，如图 2-1-10 所示。它不仅可以提高电动汽车的最高车速，还可将电动汽车的续航里程最多提升 15%。

图 2-1-10 电动汽车用多齿比变速器

相对于普通变速箱而言，固定齿比变速箱传动效率高，结构简单可靠，体积小易安装，且不存在什么标定难度，因此成为末端电动机驱动车型的首选。

2.1.4 电驱动三合一驱动桥总成

国内外很多企业开发了三合一驱动桥总成，即驱动电机、减速器、电机控制器三合一。部分企业的三合一驱动桥总成如图 2-1-11 所示。

传动比：12.5∶1
转矩：2 000 N·m
功率：70 kW
最高速度：125 km/h
质量：20.2 kg
体积：457 mm × 229 mm × 259 mm

(a)

扭矩范围：1 000~6 000 N·m
功率范围：50~300 kW
输出功率：150 kW
质量：约90 kg
可用于总质量在7.5 t以内的车型
体积将降低超过20%

(b)

转速：可达21 000 r/min
扭矩：1 700 N·m
峰值功率：90 kW
质量：约45 kg

(c)

图 2-1-11　三合一驱动桥

（a）GKN 吉凯恩三合一电驱系统（电机电控器 + 驱动电机 + 减速器）；（b）BOSCH e-axle 系列；
（c）采埃孚 (ZF) 三合一前置前驱电驱系统

技能训练

2.1.5 比亚迪E5动力总成拆卸

开始作业前，穿好工服、绝缘鞋，做好车辆内外防护工作，防止弄脏、损坏或腐蚀车辆。按照规范流程完成车辆下电操作、放掉驱动系统冷却液、拆下高压电控总成，如图2-1-12所示。

(a)

(b)

(c)

(d)

图 2-1-12 准备工作

(a) 关闭钥匙，断开蓄电池负极；(b) 拔下维修开关；
(c) 放掉驱动系统冷却液；(d) 拆下高压电控总成

拆卸动力总成外围部件或线束，如图2-1-13~图2-1-26所示。

图 2-1-13 拆下车速传感器插头及线束固定卡扣

任务 1　动力传动总成拆卸

图 2-1-14　驱动电机冷却液温度传感器插头及线束固定卡扣

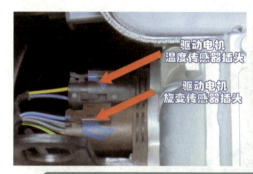

图 2-1-15　驱动电机旋变传感器和温度传感器插头及线束固定卡扣

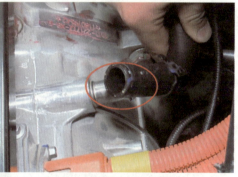

图 2-1-16　拆下驱动电机冷却液出水管固定卡箍

图 2-1-17　拆下驱动电机搭铁线束固定螺栓

图 2-1-18　拆下电动水泵和空调管路固定支架螺栓

图 2-1-19　拆下电动真空泵三颗固定螺栓并悬挂

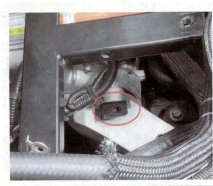

图 2-1-20　拆下驱动电机右侧固定支架上部一颗固定螺栓，举升车辆后用铁丝悬挂电动压缩机

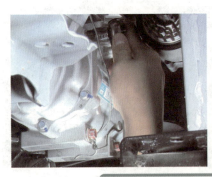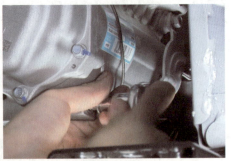

图 2-1-21　拆下电动压缩机四颗固定螺栓

图 2-1-22　降下车辆后分别拆下左前、右前轮轮毂装饰盖，撬起半轴螺母锁片，拆下半轴螺母

图 2-1-23　拆下左前、右前轮胎

图 2-1-24　拆下右前轮制动油管支架固定螺栓、右前轮轮速传感器

图 2-1-25　拆下右前轮减振器两颗固定螺栓、转向横拉杆球头螺栓防松锁销

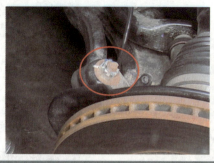 

图 2-1-26　拆下转向横拉杆球头固定螺栓，拔出右侧半轴球笼，固定制动盘与减振器

按同样操作方法拔出左侧半轴球笼，举升车辆，拔出左右半轴，如图 2-1-27 所示。

图 2-1-27　拔出左右半轴

将举升托盘千斤顶从下部顶住动力总成，旋松驱动电机右侧支架 3 颗固定螺栓，如图 2-1-28 所示。

图 2-1-28　托盘千斤顶从下部顶住动力总成，旋松驱动电机右侧支架 3 颗固定螺栓

旋松减速器左侧支架的 3 颗固定螺栓，旋松减速器后侧支架的 3 颗固定螺栓，如图 2-1-29 所示。

图 2-1-29　旋松减速器左侧支架的 3 颗固定螺栓，旋松减速器后侧支架的 3 颗固定螺栓

拆下旋松的 9 颗固定螺栓，拆下车身底部加强支架及固定螺栓，拆下减速器后侧支架固定螺栓，如图 2-1-30 所示。

图 2-1-30　拆下车身底部加强支架及固定螺栓，拆下减速器后侧支架固定螺栓

取下减速器后侧支架，缓慢降下托盘千斤顶，观察是否有管路及线束阻碍动力总成的下降，如图 2-1-31 所示。

图 2-1-31　取下减速器后侧支架，缓慢降下托盘千斤顶

动力总成拆卸完成，按相反顺序安装动力总成即可。

知识小结

1. 纯电动汽车动力系统形式是指驱动轮数量、位置以及驱动电机系统布置的形式。电动汽车的驱动系统是电动汽车的核心部分，其性能决定着电动汽车行驶性能的好坏。电动汽车的驱动系统布置取决于电机驱动方式，可以有多种类型。电动汽车的驱动方式主要有后轮驱动、前轮驱动和四轮驱动。

2. 对于纯电动汽车，电机从 0 转速开始就能全扭矩输出，没有怠速问题困扰，初始扭矩比内燃机大。

3. 相对于普通变速箱而言，固定齿比变速箱传动效率高，结构简单可靠，体积小易安装，且不存在什么标定难度，所以成为末端电动机驱动车型的首选。

学习情境 2　动力传动系统拆装与调整

减速驱动桥认知

工作任务

假设你在新能源汽车某 4S 店工作，今天接了一辆比亚迪 E5 纯电动汽车，该车行驶中伴随不同车速，从底盘前部传来异响声，师傅告诉你需要检查减速驱动桥，你知道什么是纯电动汽车的减速驱动桥吗？如何进行润滑油的更换？

任务分析

学生需要掌握减速驱动桥的结构和原理才能为后续拆装检测奠定基础。因此，任务要求学生能够对减速驱动桥进行正确的认知，并正确地进行润滑油的更换。

相关知识

2.2.1　减速器分类

新能源汽车减速器一般和差速器总成在一起，因为通过控制电机的输出转矩曲线非常符合汽车理想的行驶动力要求，即低速大转矩，高速小转矩的要求。如果嫌动力性还不够，可加装两级变速器，特斯拉 Roadster 曾考虑过这个方案。

（1）降速同时提高输出扭矩，扭矩输出比例按电机输出乘减速比，但要注意不能超出减速器的额定扭矩。

（2）减速同时降低了负载的惯量，惯量的减少为减速比的平方。

减速器是一种相对精密的机械，使用它的目的是降低转速，增加转矩。它的种类繁多，型号各异，不同种类有不同的用途。

（1）按照传动类型可分为齿轮减速器、蜗杆减速器和行星齿轮减速器；
（2）按照传动级数可分为单级和多级减速器；
（3）按照齿轮形状可分为圆柱齿轮减速器、圆锥齿轮减速器和圆锥–圆柱齿轮减速器；
（4）按照传动的布置形式可分为展开式、分流式和同轴式减速器。

目前成熟并标准化的减速器有：圆柱齿轮减速器、涡轮减速器、行星减速器、行星齿轮减速器、RV减速器、摆线针轮减速器和谐波减速器。20世纪80—90年代以来，在新兴产业（如航空航天、机器人和医疗器械等）发展的需求下，需要结构简单紧凑、传递功率大、噪声低、传动平稳的高性能精密减速器，其中RV减速器和谐波减速器是精密减速器中重要的两种减速器。

2.2.2 北汽EF126B02减速器介绍

北汽EV160车型中，型号为C33DB的驱动电机搭载的减速器总成型号为EF126B02，由中国长安汽车集团股份有限公司重庆青山变速器分公司生产，主要功能是将整车驱动电机的转速降低、扭矩升高，以实现整车对驱动电机的扭矩、转速要求。

EF126B02减速器总成是一款前置前驱减速器，采用左右分箱、两级传动结构设计。它具有体积小、结构紧凑的特点：采用前进挡和倒挡共用结构进行设计，整车倒挡通过电机反转实现。减速器动力传动机械部分是依靠两级齿轮副来实现减速增扭。其按功用和位置分为五大组件：右箱体、左箱体、输入轴组件、中间轴组件、差速器组件。其技术参数如表2-2-1所示。

表2-2-1 EF126B02减速器技术参数

技术指标	技术参数	备注
最高输入转速/($r \cdot min^{-1}$)	9 000	
转矩容量/($N \cdot m$)	<260	
驱动方式	横置前轮驱动	
减速比	7.793	
质量/kg	23	不含润滑油
润滑油规格	GL·475W-90合成油	推荐嘉实多BOT130
设计寿命	10年/30万km	

2.2.3 北汽EF126B02减速器结构

电机动力通过电机输出轴花键传入减速器总成，如图2-2-1所示。

电机输出动力经减速器减速后通过左右两个三枢轴万向节传给左右半轴，如图2-2-2所示。

图 2-2-1 动力输入花键套

图 2-2-2 减速器万向节壳

减速器工作时会产生一定热量，需要通气孔调节减速器内气压，以免压力过高导致油封漏油，减速器齿轮油加油口、溢流口、油位检查口如图 2-2-3 所示。重新添加齿轮油时，从加油口加油，直至齿轮油从溢流口流出，则表明油位已到上限，按规定力矩旋紧加油口和溢流口即可。

减速器内共有两级减速齿轮，如图 2-2-4 所示。

图 2-2-3 放油螺栓等位置

图 2-2-4 两级减速齿轮

内部动力传递路线如图 2-2-5 所示。

动力传递路线为：驱动电机→输入轴→输入轴轴齿→中间轴齿轮→中间轴轴齿→差速器半轴齿轮→左右半轴→左右车轮。

EV160 减速器内油底壳有磁铁，用以减少润滑油中的铁屑。

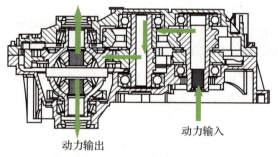

图 2-2-5 内部动力传递路线

2.2.4 北汽EF126B02减速器与驱动电机的装配连接

1. 减速器与电机的装配连接

减速器与驱动电机连接方式：减速器端匹配5个9 mm通孔，3个带钢丝螺套的M8×1.25螺纹孔。使用8颗M8×1.25×35 10.9级六角法兰面螺栓连接，拧紧力矩为40 N·m。

减速器与驱动电机定位方式：采用止口加一定位销定位，如图2-2-6所示。

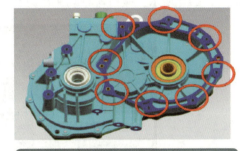

图2-2-6 减速器与电机连接螺栓位置

2. 减速器与悬置支架的装配连接

加速器采用3个左悬置点、3个后悬置点，如图2-2-7所示。悬置点螺纹孔规格为M10×1.25和M12×1.25。左悬置使用3个M10×1.25×40的10.9级六角法兰面螺栓，拧紧力矩为75 N·m；后悬置使用2个M10×1.25×25的10.9级六角法兰面螺栓，拧紧力矩为75 N·m，1个M12×1.25×65的10.9级六角法兰面螺栓，拧紧力矩为95 N·m。

图2-2-7 减速器与悬置支架的装配位置

3. 减速器与半轴的装配连接

整车装配半轴时，需保证半轴中心平行于减速器差速器中心，防止半轴碰伤或损坏差速器油封，同时半轴上的卡圈应与减速器差速器半轴齿轮上的卡圈槽连接定位，如图2-2-8所示。

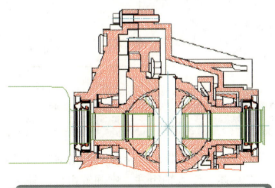

图2-2-8 减速器与半轴的连接

2.2.5 比亚迪E5纯电动汽车减速器介绍

BYD5AEB车型前驱动力总成主要配备比亚迪5AEB的纯电动汽车，采用单挡无级变速，如图2-2-9所示，减速器总减速比为9.266，主要参数如表2-2-2所示。

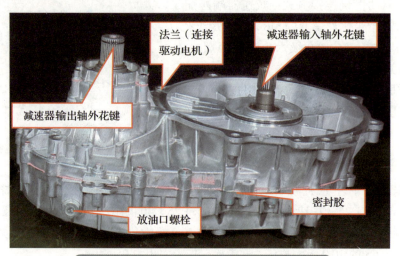

图2-2-9　比亚迪E5纯电动汽车减速器

表2-2-2　比亚迪E5纯电动汽车减速器技术参数

输入最大功率/kW	160
输入转速/（r·min^{-1}）	0~12 000
最大输入扭矩/（N·m）	310
输入输出轴连线与水平面夹角/（°）	8.073
总减速比	9.266
一级传动比	3.217
主减速传动比	2.880
电机轴中心与差速器中心的距离/mm	239
变速箱润滑油量/L	1.85~1.95
变速箱润滑油类型	齿轮油SAE75W-90

2.2.6 比亚迪E5纯电动汽车减速器内部结构

比亚迪E5纯电动汽车单挡无级变速器，依靠两级齿轮副来实现减速增扭。其按功用和位置分为五大组件：右箱体、左箱体、输入轴组件、中间轴组件、输出轴（差速器）组件。动力由电动机输入，经过一级减速齿轮减速将动力传至主减速器，再由差速器将动力分配至两侧车轮，内部结构如图 2-2-10 所示。

图 2-2-10　比亚迪 E5 纯电动汽车减速器内部结构

2.2.7　比亚迪 E5 纯电动汽车减速器装配连接

如图 2-2-11 所示，比亚迪 E5 减速器外花键与驱动电机内花键配合，驱动电机将动力传递至减速器，动力经过减速器中的一级减速后进入主减速器和差速器，动力再由差速器两个半轴齿轮传递到减速器两侧的三枢轴式伸缩万向节，动力经万向节、半轴传递到两个车轮侧的万向节，最终到达车轮，如图 2-2-12 所示。

图 2-2-11　电机内花键

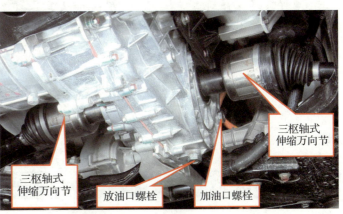

图 2-2-12　比亚迪 E5 纯电动汽车减速器装配连接

减速器与驱动电机通过法兰固定，有 8 颗六角法兰面螺栓，紧固力矩为 100 N·m，如图 2-2-13 所示。分解驱动电机与减速器时，应注意保管好电机定位销，如图 2-2-14 所示。

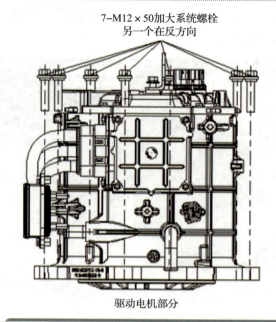

图 2-2-13 减速器与驱动电机固定的 8 颗螺栓

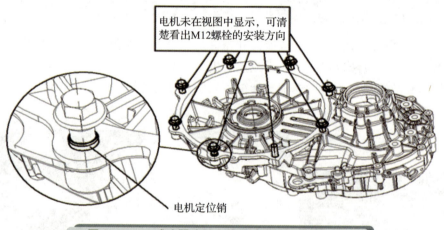

图 2-2-14 减速器法兰上的驱动电机安装定位销

技能训练

2.2.8 减速器润滑油更换

（1）举升车辆，将机油回收车推入动力总成下方，然后用 24 mm 套筒拆下放油螺栓。

（2）排尽减速器油，如图 2-2-15 所示。安装放油螺栓，并按规定力矩紧固。

使用专用油液加注机进行加注，如图 2-2-16 所示。

图 2-2-15 排尽减速器油

图 2-2-16 减速器油加注工具

（3）油液加注机成本高，使用方便，按照使用说明书，连接好管路，设置好加油量，即可一键加注。简易加注工具器材成本低，携带方便，下面以使用简易加注工具为例，加注减速器油。使用 24 mm 套筒拆下减速器加油螺栓，然后将简易加注工具的吸油侧插入机油桶中，出油侧插入减速器加注孔中，如图 2-2-17 所示。

（4）加至注油口处向外溢油时停止加油，比亚迪 E5 电动汽车减速器需要加入 1.85~1.95 L 齿轮油。加注完成后取下简易加注工具，安装变速箱加油螺栓，并按规定力矩紧固，如图 2-2-18 所示。清洁变速箱放油口和加油口，降下车辆，作业完成。

图 2-2-17 拆下加油螺栓

图 2-2-18 加至注油口处向外溢油时停止加油

2.2.9 减速器故障与处理

1. 减速器动力传递故障

当整车无动力输出时，检查减速器是否损坏，按下列操作执行：

（1）检查整车驱动电机是否运转正常，若运转正常，则执行第（2）步检查；若提示驱动电机故障，则先检查驱动电机故障原因。

（2）整车上电，将手柄挂入 N 挡，松开脚制动，平地推车，检查车辆是否可以移动。或将整车放置到升降台上,转动车轮,检查是否能转动。若车辆可以移动或车轮可以转动,则执行第(3)步检查,若车辆不能移动或车轮不能转动,则执行第(4)步检查。

(3)拆卸驱动电机与减速器连接,检查花键是否异常磨损,若减速器输入轴花键磨损,则需将减速器返厂维修。

(4)若车辆不能移动或车轮不能转动,说明减速器内部轴系卡死,减速器需返厂维修。

2. 减速器产生噪声

减速器产生异常噪声,主要原因如下:润滑油不足、轴承损坏或磨损、齿轮损坏或磨损、箱体磨损或破裂。这些问题的处理措施按表2-2-3执行。

表2-2-3 减速器噪声的故障处理

故障分类	处理措施
润滑油不足	按规定型号和油量添加润滑油
轴承损坏或磨损	参考维修手册对减速器进行维修
齿轮损坏或磨损	参考维修手册对减速器进行维修

3. 减速器渗漏油

减速器产生渗漏油,主要原因如下:输入轴油封磨损或损坏、差速器油封磨损或损坏、油塞处漏油、箱体破裂、油量过多由通气塞冒出。这些问题的处理措施按表2-2-4执行。

表2-2-4 减速器渗油故障处理

故障分类	处理措施
输入轴油封磨损或损坏	参考维修手册操作规范更换油封
差速器油封磨损或损坏	参考维修手册操作规范更换油封
油塞处漏油	对油塞涂胶,按规定力矩拧紧
箱体破裂	参考维修手册对减速器进行维修
油量过多由通气塞冒出	检查油位调整油量

知识小结

1. 北汽EV160减速器总成是一款前置前驱减速器,采用左右分箱、两级传动结构设计。具有体积小、结构紧凑的特点:采用前进挡和倒挡共用结构进行设计,整车倒挡通过电机反转实现。减速器动力传动机械部分是依靠两级齿轮副来实现减速增扭。

2. 比亚迪E5纯电动汽车单挡无级变速器,依靠两级齿轮副来实现减速增扭。其按功用和位置分为五大组件:右箱体、左箱体、输入轴组件、中间轴组件、输出轴(差速器)组件。动力由电动机输入,经过一级减速齿轮减速将动力传至主减速器,再由差速器将动力分配至两侧车轮。

减速驱动桥拆装与调整

工作任务

假设你在新能源汽车某 4S 店工作，今天接了一辆比亚迪 E5 纯电动汽车，该车行驶中伴随不同车速，从底盘前部传来异响声，经检查，师傅告诉你需要将减速器总成拆解后检查，你知道如何安全、规范地拆装减速器总成吗？

任务分析

学生需要掌握比亚迪 E5 减速驱动桥的结构，才能进行拆装与调整。通过任务学生能将减速器与其他总成部件断开连接，将其从车身拆卸下来，正确、安全地开展任务。

相关知识

2.3.1 比亚迪 E5 减速器的结构

比亚迪 E5 单挡减速器的结构如图 2-3-1 所示。

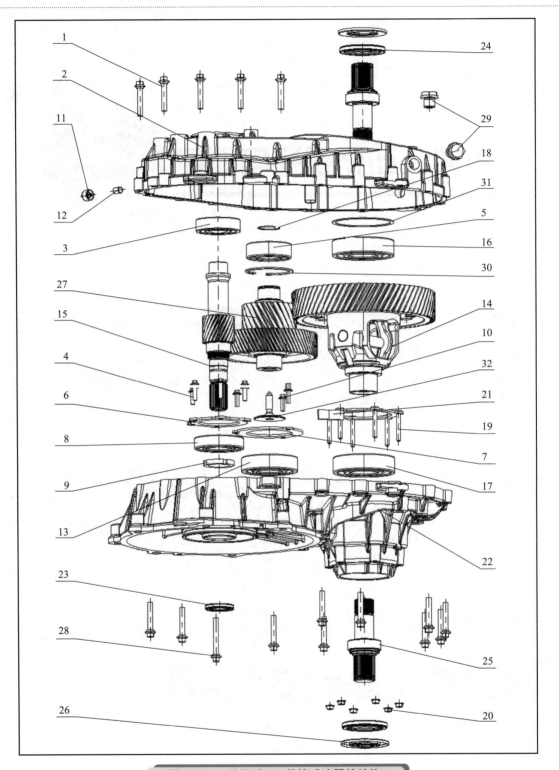

图 2-3-1 比亚迪 E5 单挡减速器的结构

图 2-3-1 中序号对应的名称及数量如表 2-3-1 所示，力矩限值如表 2-3-2 所示。

表 2-3-1　减速器部件名称及数量

编号	名称	数量	编号	名称	数量
1	Q1840845T1F6 六角法兰面螺栓	17（有一颗被序号25挡住）	17	NT31-1-2146320 差速器轴承	1
2	NT31-2-2146512 后箱体	1	18	NT31-1-2146218 副轴后轴承内卡簧	1
3	NT31-1-2146130 主轴后轴承	1	19	NT31-1-2146330 差速器轴承压板组件	1
4	Q1840620TF2 六角法兰面螺栓（主轴位）	5（有一颗被序号15挡住）	20	Q32006T2F6C 六角法兰面螺母	6
5	NT31-1-2146240 副轴后轴承	1	21	5T09-1701435 磁铁	1
6	NT31-1-2146151 主轴前球轴承压板	1	22	NT31-1-2146511 前箱体	1
7	NT31-1-2146214 副轴前轴承压板	1	23	NT31-1-2146112 主轴油封	1
8	NT31-1-2146140 主轴前球轴承	1	24	NT31-1-2146312 差速器油封	2
9	NT31-1-2146611 主轴螺母	1	25	6DT35 差速器半轴组件	2
10	Q1840620TF2 六角法兰面螺栓（副轴位）	3	26	6DT35-1701754 差速器右半轴防尘盖	2
11	6T25-1702504 通气管帽	1	27	NT31-1-2146210 副轴组件	1
12	6T25-1702503 通气管	1	28	Q1840860TF2 六角法兰面螺栓	1
13	NT31-1-2146230 副轴前轴承	1	29	6T25-1701680 放油螺塞组件	2
14	NT31-1-2146700 差速器壳体组件	1	30	NT31-1-2146217 副轴后轴承卡簧	1
15	NT31-1-2146111 主轴	1	31	35J18L-2405133 三轴轴调整垫片	1（使用组别0.5~1.2 mm）
16	NT31-1-2146320 差速器轴承	1	32	NT31-1-2146216 副轴压紧螺钉	1

表 2-3-2 力矩限值

序号	用途	螺栓/螺母规格	物料描述	单用量	紧固力矩/(N·m)
1	前后箱连接	M8×45	Q1840845T1F6 六角法兰面螺栓	17/16	25
		M8×60	Q1840860TF2 六角法兰面螺栓	1	25
2	差速器半轴和差速器固定环连接	M8×45.5	6DT25-1701822 差速器半轴螺栓 M00000	1	30
3	电机和前箱体连接	M12×50	Q1861250TF6P1.25 六角法兰面螺栓-加大系列	8	85
4	固定车速传感器	M6×16	Q1840616T1F6 六角法兰面螺栓 M00000	1	9
5	固定主轴压板	M6×20	Q2580620TF2 内六角花形沉头螺钉	3	12
6	差速器压板组件与前箱体（或A型前箱体）锁紧	M6×6	Q32006T2F6C 六角法兰面螺母 或 Q32006T13F6	6	12
7	固定副轴压板	M6×20	Q1840620TF2 六角法兰面螺栓	3	12
8	副轴组件压装副轴前轴承后的锁紧	M10×24	NT31-1-2146216 副轴压紧螺钉	1	70
9	注、放油螺塞	M15×12	6T25-1701680 放油螺塞组件 M00000	2	30
10	主轴前球轴承内圈的锁紧	M35×7	NT31-1-2146611 主轴螺母 M00000	1	70

2.3.2 比亚迪E5减速器的拆分与维修

1. 箱体内冷却油的排放

分别打开放、注油塞，如图 2-3-2 所示，将箱体内的润滑油排放干净，同时检查放油螺塞组件和O形圈是否完好，如果已损坏，应更换完好的零件。

任务 3　减速驱动桥拆装与调整

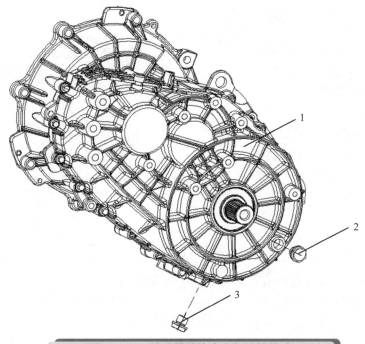

图 2-3-2　减速器箱体内冷却油的排放
1—后箱体；2—注油螺塞；3—放油螺塞

2. 箱体拆分前的摆放

将 BYD 5AEB 前驱变速器放置稳固，推荐摆放至格栅状的木架上或者专用的减速器拆装台上，以保证在接下来拆箱过程中主轴、差速器半轴或者箱体的高点不至于和地面等有接触磨损，如图 2-3-3 所示。

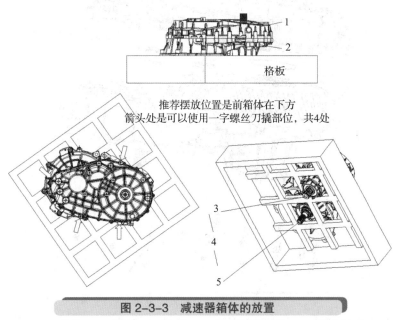

图 2-3-3　减速器箱体的放置
1—后箱体；2—前箱体；3—主轴；4—放入格板间隙中；5—差速器半轴

3. 差速器半轴的分离

差速器半轴组件拆卸只需拧松差速器半轴螺栓即可,在差速器半轴端面处可以看到半轴螺栓。用一个6号L形六角扳手、一根套管(当作力臂)即可完成差速器半轴组件的拆卸。半轴的伸出端花键需要使用防转工装固定,没有可用管钳代替,如图2-3-4所示。

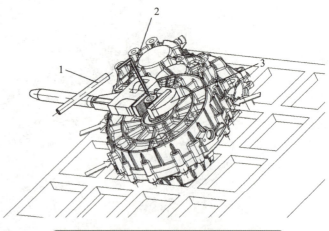

图 2-3-4 差速器半轴的分离
1—套管;2—6号L形六角扳手;3—管钳

4. 前后箱体的分离

交错拧开用于连接固定变速器前后箱体的M8×45螺栓(16或17颗)和M8×60螺栓(1颗),将前后箱体分离,如图2-3-5所示。拆分箱体时,三轴轴调整垫片、磁铁、合箱定位销,注意保管,副轴后轴承是圆柱滚子轴承,其内圈附于副轴组件上,外圈和滚子被副轴后轴承卡簧限位在后箱体上。观察合箱螺栓螺纹部分是否有损坏,如果有损坏,应更换完好的螺栓。

注意:在拆分过程中,应保护好前箱体与后箱体接触的面,防止此面损伤,若其间用了一字螺丝刀,也依然按照垫块布的方法加以保护。

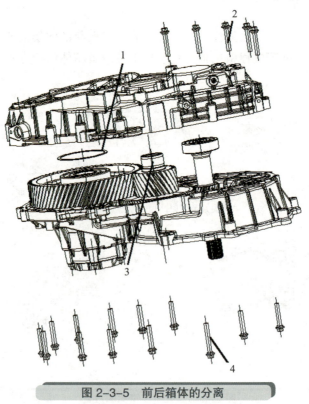

图 2-3-5 前后箱体的分离
1—三轴轴调整垫片;2—M8×45 螺栓;3—副轴后轴承内圈;4—M8×60 高强螺栓

5. 前、后箱体部分的拆分与维修

1）后箱体

将后箱体放置于工作台上,并安放平稳。如果副轴后轴承或副轴组件中任意一个有损坏,如轴承烧蚀、齿轮崩析,建议连带箱体返厂维修,包括合箱面拆开后发现主轴或差速器有损坏。如必须拆换副轴后轴承"外圈和保持架"组件,副轴组件也要一起换。副轴后轴承内圈在副轴组件上,只是换轴承"外圈和保持架合件",会造成轴承不配套。

后箱附件继续拆卸方法如下:用专用工具(卡簧钳)将副轴后轴承卡簧压缩、取出,如图2-3-6所示。

注意:副轴后轴承卡簧拆卸后,建议更换新的。

拆卸"外圈和保持架合件",即使用专用工具(拉码器),滑块上移,撞向螺杆手柄,反复几次,均匀用力,将副轴轴承从箱体中取出,如图2-3-7所示。拆卸完成后,不建议再使用此轴承。

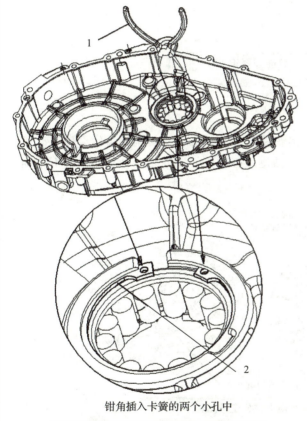

钳角插入卡簧的两个小孔中

图2-3-6 后箱附件继续拆卸

1—卡簧钳;2—副轴后轴承卡簧

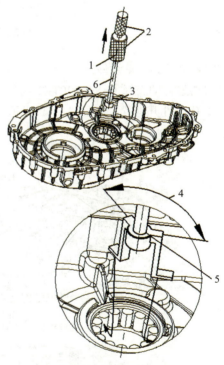

图2-3-7 拆卸副轴轴承

1—滑块;2—滑块和螺杆手柄的柱面;3—螺母卡爪组合件;4—130°(两卡爪夹角);5—通过螺纹连接;6—螺杆

2）前箱体

①差速器组件拆卸。

前箱体需要先拆卸差速器组件，腔外的 6 个六角法兰面螺母拧开，可取出组件，除螺母外，还有此处应用盲孔螺母的情况，如图 2-3-8 所示。

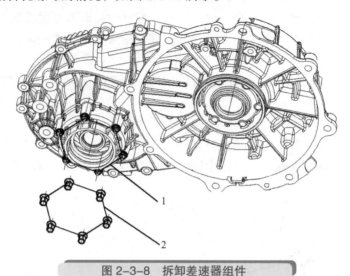

图 2-3-8　拆卸差速器组件

1—六角法兰面螺母；2—盲孔螺母

②副轴组件和主轴组件拆卸。

对副轴组件的三颗 Q1840620TF2 六角法兰面螺栓进行拆卸，旋转副轴齿轮，使套筒通过其上减重孔，拧开螺栓，如图 2-3-9 所示，主轴位压板紧固件布局有两种状态，拆下主轴组件螺栓。

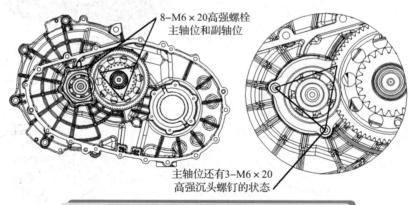

8—M6×20高强螺栓
主轴位和副轴位

主轴位还有3—M6×20
高强沉头螺钉的状态

图 2-3-9　拆卸副轴组件和主轴组件

将主轴组件、副轴组件和之前拆卸的差速器组件都安置好。检查是否有零件出现异常，三个轴组件都不建议再拆卸，最好是返厂处理或要求售后服务部门寄过来新组件（深沟球轴承使用工装拆卸下来就不能再使用了，其钢球滚道很容易损坏）。

6. 比亚迪 E5 减速器的清洗与组装

（1）箱体的清洗与油封、轴承外圈的安装。

将变速器前、后箱体表面的粉尘、铁屑等杂质清洗干净；注意合箱面胶渍的清理。

将定位销、主轴油封、磁铁、六角法兰面螺栓等零件表面的粉尘、铁屑清洗干净，并将前三种物料装入变速器前箱体，其中定位销是空心的，轻轻敲入箱体中即可。

将差速器油封表面的粉尘、铁屑等杂质清洗干净，使用油封工装，将差速器油封装入变速器后箱体。副轴后轴承外圈和保持架合件用另外的工装压在轴承孔上，如图2-3-10所示。

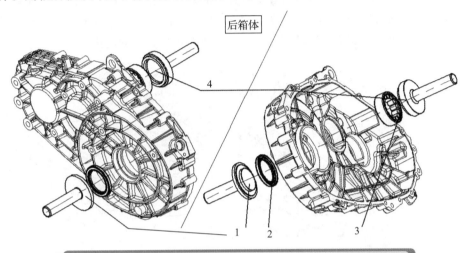

图 2-3-10 使用工装安装差速器油封、副轴后轴承外圈合件

1—差速器油封工装；2—差速器油封；3—副轴后轴承外圈合件；4—副轴后轴承外圈安装工装

将主轴油封和另一个差速器油封用工装装在前箱体的相应位置上，如图2-3-11所示。

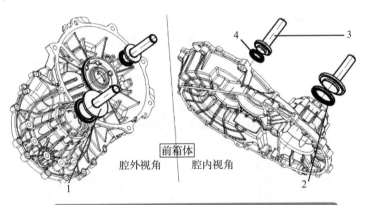

图 2-3-11 使用工装安装主轴油封、差速器油封

1—差速器油封工装；2—差速器油封；3—主轴油封工装；4—主轴油封

（2）主轴组件的清洗与组装。

观察主轴组件中主轴螺母是否出现松脱，若有，建议返厂；若没有，用煤油清洗干净，尤其是两个深沟球轴承滚道要彻底清理干净。随后，穿入前箱体主轴孔位，摆正主轴压板，带上3或5个紧固件。

螺栓中部偏下位置涂上乐泰263螺纹锁固剂（或经验证的等效品），要求胶液覆盖3~5扣螺纹，螺钉先用手拧进2~3扣，紧固力矩为（12±0.36）N·m，另外，涂前刮掉原来胶渍。

（3）副轴组件的清洗与组装。

将副轴组件的粉尘、铁屑等杂质清洗干净，要注意副轴上的深沟球轴承的清理。随后，在后箱体上摆正组件和压板，带上3个紧固件。

螺栓涂螺纹锁固剂方式与主轴组件相同。

（4）差速器组件的清洗与组装。

转动行星齿轮或半轴齿轮，一是看看是否有卡滞，二是便于深度清洁。注意保管好差速器半轴固定环。在半轴齿轮的小端靠行星齿轮轴的位置，如图2-3-12所示，对准差速器压板螺栓过孔将差速器组件安装到位。半轴固定环小凸点要在半轴齿轮的键槽里。

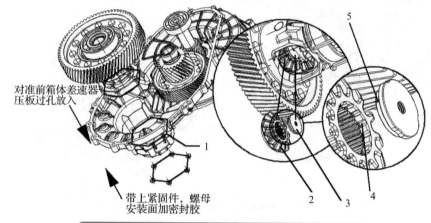

图2-3-12 差速器组件的清洗与组装

1—过孔；2—差速器半轴齿轮；3—差速器半轴固定环；4—差速器半轴齿轮的端部键槽；5—差速器半轴固定环的小凸点

（5）三轴轴调整垫片选择。

测量前箱体上放置的差速器组件高度H，再测量后箱体轴承孔底深度D，选择三轴轴调整垫片使得其厚度f满足：$0.05~0.12=D-H-f$，垫片的可选组别如表2-3-3所示。

表2-3-3 垫片的可选组别

序号	厚度f/mm	序号	厚度f/mm
1	0.50	9	0.90
2	0.55	10	0.95
3	0.60	11	1.00
4	0.65	12	1.05
5	0.70	13	1.10
6	0.75	14	1.15
7	0.80	15	1.20
8	0.85		

高度、深度示意图如图 2-3-13 所示。

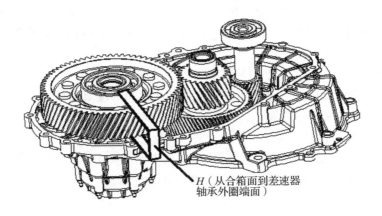

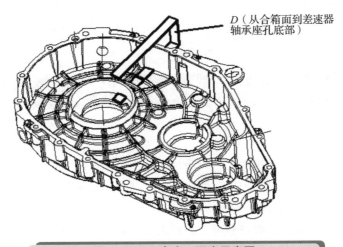

图 2-3-13　高度、深度示意图

（6）变速器前后箱体合箱。

将变速器前箱体表面的粉尘、铁屑等杂质清洗干净；注意将合箱面的胶渍处理干净。可使用适量的有机溶剂。结合美工刀的背面对合箱面进行刮蹭处理，如发现有高点，注意刮平。合箱前检查有无漏装物料，尤其是磁铁、合箱定位销、三轴轴调整垫片，如图 2-3-14 所示。

（7）变速器前箱体其他零件的组装准备。

将左右半轴组件装入箱体差速器端口，带上半轴螺栓，紧固力矩为 30 N·m。

（8）将变速器静置，使密封胶完全凝固。

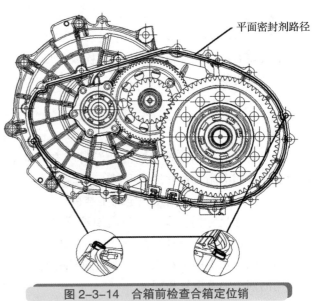

图 2-3-14　合箱前检查合箱定位销

打胶前，确认前后箱合箱面有没有残余胶渍，应注意清除干净，并保证合箱面的平整。合箱密封胶需沿合箱螺栓孔的内侧行进。推荐使用乐泰 5460J 平面密封剂（或经验证的等效品），要求密封胶均匀连续，胶线直径为（3±1）mm，如图 2-3-14 所示。合箱前，检查合箱定位销有没有装好。

（9）拧紧放油螺塞组件。

待密封胶完全凝固之后，两个放油螺塞组件拧在后箱的注放油位置。扭紧至 O 形圈压缩一半为宜，再多容易造成 O 形圈老化，少了可能起不到密封效果。

（10）加入齿轮润滑油对变速器箱体进行密封性检查。

将变速器箱体静置，从注油处加入 1.8~1.9 L 润滑油（属于二次加油，若确保内部无残余油量，就加 1.85~1.95 L）。观察是否有渗漏现象，如果有渗漏，将相应部位拆开，重新进行密封处理。

（11）变速器整体检查。

待箱体确认无漏油后，再次检查变速器主轴转动是否灵活，有无异响。

2.3.3 比亚迪 E5 动力总成维修说明

1. 动力总成

（1）单挡变速箱采用浸油润滑方式，润滑油采用齿轮油 SAE75W-90。

（2）动力系统总成在分解修理后，再重新装到车上，变速箱需要加入 1.8~1.9 L 润滑油（或观察油位至注油口位置处即停止加油）。

（3）如电动机发生故障，需拆解修理的，在组装后需加入美孚 ATF220 油 2 L。

（4）电动机和变速箱组装时，必须确保变速器前箱体导向端口和电机端口对正。注意保护变速器前箱体 O 形圈和变速器主轴密封圈。结合面法兰上有一颗电机定位销。

2. 螺栓、螺母

电机端盖和总成合箱壳体上的螺栓或螺母，按对角线松开和拧紧，如果螺栓有裂纹或者损坏，应及时更换。

3. 轴承

（1）安装时要用变速器润滑油润滑所有的轴承。也可以在内外圈与轴、箱体座孔结合的柱面上涂抹润滑脂（黄甘油也可以）。

（2）安装过程中，采用规定的工装进行工作。

（3）同样尺寸的轴承外圈与内圈不可以更换（但变速器主轴前轴承内外圈无须考虑调整垫片因素，且产品本身具有良好的加工一致性，故条件紧张时，该轴承例外）。

（4）同一轴上的圆锥滚子轴承应同时更换，轴承型号应相同（包括副轴和差速器的轴承，而所用的四个轴承型号相同）。

技能训练

2.3.4 减速器拆装与检测

结合厂家维修手册要求以及教学实际,比亚迪 E5 减速器拆装与检测的主要步骤及操作项目如表 2-3-4 所示。

表 2-3-4　比亚迪 E5 减速器拆装与检测操作项目

操作步骤/顺序	操作项目
分离变速箱体和电机总成	□打开放油螺塞组件,将变速箱体内的润滑油排放干净,拧紧放油螺塞组件于箱体上; □检查润滑油是否排放干净; □检查放油塞组件和 O 形密封圈是否完好; □交错拧开用于固定变速箱箱体与电动机的六角法兰面螺栓,分离变速箱与电动机; □分离时可使用一字螺丝刀且按照垫布(或裹胶布)的方法加以保护
分解变速箱体	□将变速箱体用螺栓(至少需要 3 颗螺栓)固定在专用工作台上,确保主轴、差速器半轴或者箱体的高点不能有接触磨损; □交错拧开用于连接固定变速器前后箱体的螺栓,将后箱体与前箱体分离; □在拆分过程中保护好前箱体与后箱体接触面; □拆分箱体时注意保管前箱体上的磁铁槽中掉出的磁铁
拆卸差速器组件	□拆卸差速器组件轴承压板; □取下差速器相关齿轮
拆卸副轴组件	□拆卸副轴轴承压板; □取下副轴; □使用卡簧钳取下副轴轴承卡簧; □使用专用工具(拉码器)将副轴轴承从箱体中取出
拆卸主轴组件	□拆卸主轴轴承压板; □取下主轴齿轮总成
拆卸油封	□使用一字螺丝刀且按照垫布(或裹胶布)的方法加以保护,取出全部 3 个油封
清洁组件	□使用吹气枪对差速器组件表面及差速器壳体内部的粉尘、铁屑等杂质进行清洁; □转动行星齿轮或半轴齿轮,检查是否有卡滞并使用吹气枪深度清洁; □使用吹气枪或吸油纸对球轴承、圆柱滚子轴承、主轴、副轴表面进行清洁; □使用吹气枪或吸油纸对变速箱前箱体表面进行清洁; □使用吹气枪或吸油纸对变速箱后箱体表面进行清洁; □使用工具(铲刀)对前合箱面进行刮蹭处理、刮平高点; □使用工具(铲刀)对后合箱面进行刮蹭处理、刮平高点

续表

操作步骤/顺序	操作项目
变速箱组件外观目视检查	☐检查并记录齿轮轮系转动情况； ☐检查并记录主轴齿轮磨损情况； ☐检查并记录副轴主动齿轮磨损情况； ☐检查并记录副轴从动齿轮磨损情况； ☐检查并记录差速器齿轮磨损情况； ☐检查并记录后箱体轴承外圈磨损情况； ☐检查并记录主轴前轴承内外圈磨损情况； ☐更换差速器油封； ☐更换主轴油封
安装油封	☐使用油封工装将3个全新油封装入变速器后箱体
安装副轴轴承	☐安装副轴轴承； ☐安装副轴轴承卡簧
安装主轴组件	☐摆正主轴组件和压板； ☐按规定先用手拧进螺栓2~3圈，再紧固压板螺栓
安装副轴组件	☐摆正副轴组件和压板； ☐按规定先用手拧进螺栓2~3圈，再紧固压板螺栓
安装差速器组件	☐摆正差速器组件和压板； ☐确认半轴固定环小凸点在半轴齿轮的键槽； ☐按规定先用手拧进螺栓2~3圈，再紧固压板螺栓； ☐安装期间微调各组件（转动），以便安装过程顺畅
差速器组件高度测量	☐从后箱体上取下旧的调整垫片； ☐测量前清洁垫板； ☐测量前测量垫板平均厚度； ☐测量前在垫板上对高度尺校零； ☐加装垫板，使用高度尺测量差速器高度H值，垫板放置要平整； ☐以上每个值应测量三处位置
后箱体轴承孔底深度测量	☐测量前清洁垫板； ☐测量前测量垫板平均厚度； ☐测量前在垫板上对深度尺校零； ☐加装垫板，使用深度尺测量后箱体轴承孔底深度D值，垫板放置要平整； ☐以上每个值应测量三处位置
三轴轴调整垫片厚度f计算	☐根据差速器组件高度H平均值和后箱体轴承孔底深度D平均值，计算三轴轴调整垫片厚度f值
安装调整垫片	☐根据计算值，更换调整垫片并装入后箱体
安装前后箱体	☐在合箱前检查磁铁、合箱定位销安装情况； ☐在合箱时用橡皮锤轻轻敲打箱体外壁，并注意保护主轴油封； ☐安装前后箱体总成； ☐使用专用工具（预置式扭力扳手）紧固前后箱体总成（标准力矩为$25\,\text{N}\cdot\text{m}$）

操作步骤/顺序	操作项目
安装减速箱体和电机总成	□ 按规定先用手拧进螺栓2~3圈，再紧固变速箱体与电动机的六角法兰面螺栓； □ 使用专用工具（预置式扭力扳手）紧固变速箱与电动机（标准力矩为100 N·m）

2.3.5 减速器拆装与检测的部分说明

用10 mm套筒拆下减速器前后箱体之间的18颗连接螺栓，位置如图2-3-15所示。

用10 mm套筒拆下差速器组件轴承压板的6颗固定螺母，位置如图2-3-16所示。

图2-3-15 减速器前后箱体之间的18颗连接螺栓

图2-3-16 差速器组件轴承压板的6颗固定螺母

用8 mm套筒拆下副轴组件压板的3颗固定螺栓以及主轴组件压板的5颗固定螺栓，位置如图2-3-17所示。

图2-3-17 副轴组件压板的3颗固定螺栓以及主轴组件压板的5颗固定螺栓

减速器部件，如主轴组件、副轴组件及差速器组件等，如图2-3-18所示。

(a)

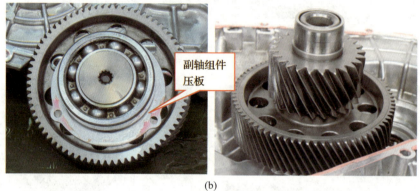

(b)

(c)

图 2-3-18 减速器部分部件

(a)主轴组件；(b)副轴组件；(c)差速器组件

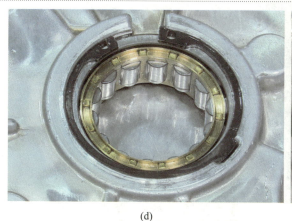 

(d) (e)

图 2-3-18 减速器部分部件（续）

（d）副轴后轴承及卡簧；（e）后箱体上的轴调整垫片

测量差速器组件高度 H 所用的高度尺如图 2-3-19 所示。

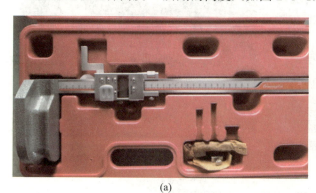 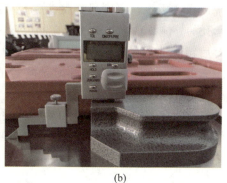

(a) (b)

图 2-3-19 高度尺

（a）高度尺部件；（b）组装后的高度尺

测量差速器组件高度 H 的方法如图 2-3-20 所示，测量前，先清洁垫板并测量垫板厚度，然后将高度尺底座以及测量块平放在垫板上对高度尺进行校零，再将垫板平放在箱体结合面上，将高度尺底座平方在垫板上，对差速器组件高度进行测量，测量三个位置并记录测量值（注意记录测量值时，要减去垫板厚度）。

图 2-3-20 差速器组件高度 H 的测量

测量后箱体轴承孔底深度 D 所用的深度尺如图 2-3-21 所示。

图 2-3-21　深度尺

后箱体轴承孔底深度 D 的测量方法如图 2-3-22 所示，测量前，先清洁垫板并测量垫板厚度，然后在垫板上对深度尺进行校零，再将垫板平放在箱体结合面上，将深度尺底座平放在垫板上，深度尺测量头一定要抵在轴承孔的外侧（轴调整垫片所在的位置），然后对后箱体轴承孔底深度进行测量，测量三个位置并记录测量值（注意记录测量值时，要减去垫板厚度）。

测量差速器组件高度 H 和后箱体轴承孔底深度 D 后，填写表 2-3-5 并计算三轴轴调整垫片厚度。

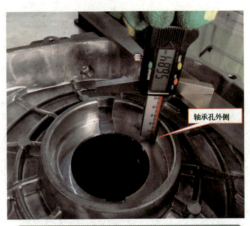

图 2-3-22　差速器组件深度 D 的测量

表 2-3-5　三轴轴调整垫片厚度测量与计算

测量对象	测量数据 1	测量数据 2	测量数据 3	平均值
差速器组件高度 H				
后箱体轴承孔底深度 D				
三轴轴调整垫片厚度 $f=D-H-(0.05\sim0.12)$				

知识小结

1. 减速器产生异常噪声，主要原因如下：润滑油不足、轴承损坏或磨损、调整垫片损坏或磨损、齿轮损坏或磨损、箱体磨损或破裂。

2. 测量前箱体上放置的差速器组件高度 H，再测后箱体轴承孔底深度 D，选择三轴轴调整垫片使得其厚度 f 满足：$0.05\sim0.12=D-H-f$。

学习情境 3
电机控制部件认知与更换

【学习目标】

1. 能通过与客户交流、查阅相关维修技术资料等方式获取车辆信息。
2. 能正确认知高压电控总成、驱动系统冷却系统。
3. 能规范地进行高压电控总成、电子水泵和冷却液的更换。
4. 能规范地对冷却系统进行检修。
5. 能正确使用安全防护套装及检测仪器、工具。

电机控制器认知

工作任务

假设你在新能源汽车某4S店工作,今天接了一辆无法行驶的车,师傅检查后告知你是电机控制器出故障了,你能拆解电机控制器周围的线束和部件吗?

任务分析

要进行电机控制线束拆装,需要学生掌握电机控制器的作用、组成、线束连接等相关知识。通过任务学生能够认知高压电控总成,安全、正确地进行线束拆解。

相关知识

3.1.1 电机控制器的作用与组成

整车控制器(VCU)根据驾驶员意图发出各种指令,电机控制器响应并反馈,实时调整驱动电机输出,以实现整车的怠速、前行、倒车、停车、能量回收及驻坡等功能。

电机控制器另一个重要功能是通信和保护,实时进行状态和故障检测,保护驱动电机系统和整车安全可靠运行,如图3-1-1所示。

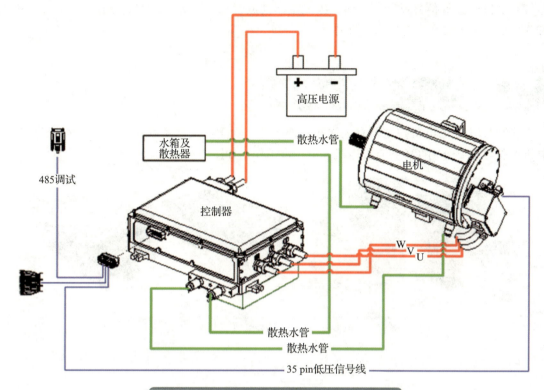

图 3-1-1　电机控制器及其连接

一般来讲，电机控制器主要由以下几部分组成。

1. 电子控制模块

电子控制模块包括硬件电路和相应的控制软件。硬件电路主要包括微处理器及其最小系统，对电机电流、电压、转速、温度等状态的监测电路，各种硬件保护电路，以及与整车控制器、电池管理系统等外部控制单元数据交互的通信电路。控制软件根据不同类型电机的特点实现相应的控制算法。

2. 驱动器

驱动器将微控制器对电机的控制信号转换为驱动功率变换器的驱动信号，并实现功率信号和控制信号的隔离。

3. 功率变换模块

功率变换模块对电机电流进行控制。电动汽车经常使用的功率器件有大功率晶体管、门极可关断晶闸管、功率场效应管、绝缘栅双极晶体管及智能功率模块等。

电机驱动汽车前行，而电机控制器驱动电机工作。电机控制器由逆变器和控制器两部分组成。逆变器接收电池输送过来的直流电电能，逆变成三相交流电给汽车电机提供电源。控制器接收电机转速等信号反馈到仪表,当发生制动或者加速行为时,控制器控制变频器频率的升降,从而达到加速或者减速的目的。

3.1.2 典型电机控制器

北汽 EV160 的电机控制器有大洋和大郡两种,功能和主要参数基本一致,这两种不同的电机控制器需要分别匹配各自的电机才能正常工作,如图 3-1-2 所示。

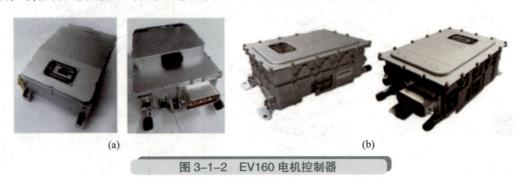

图 3-1-2　EV160 电机控制器

EV160 电机控制器的基本参数如表 3-1-1 所示。

表 3-1-1　EV160 电机控制器的基本参数

技术指标	技术参数
直流输入电压 /V	336
工作电压范围 /V	265~410
控制电源 /V	12
控制电源电压范围 /V	9~16
标称容量 /(kV·A)	85
质量 /kg	9
防护等级	IP67
尺寸(长×宽×高)	403 mm × 249 mm × 140 mm

电机控制器内部很多电路板件和组件层层叠加,主要由 IGBT 模块组件(在驱动板上)、屏蔽板组件、控制板组件、传感器支架组件、三相插接件、直流插接件等组成,如图 3-1-3 所示。

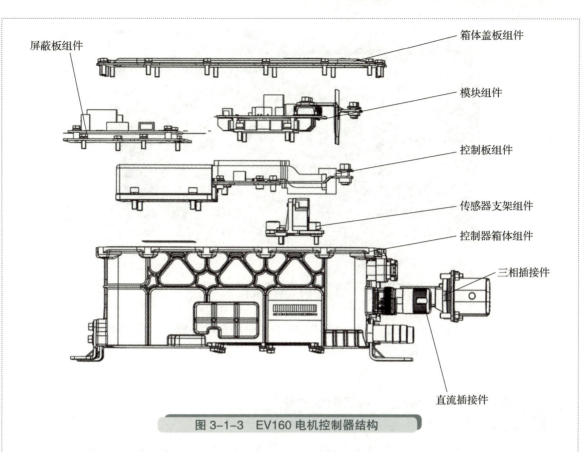

图 3-1-3 EV160 电机控制器结构

控制板在最上层，安装在屏蔽板上，下层是 IGBT 模块及驱动板，驱动板下方有散热片，最下层是冷却水道，冷却水流过散热片进行散热，如图 3-1-4 所示。

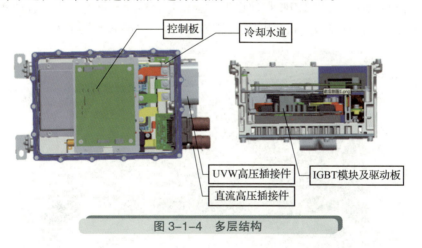

图 3-1-4 多层结构

高压直流插接件与来自高压盒的高压直流母线相连接。UVW 高压插件与电机控制器的三相高压线连接，如图 3-1-5 所示。

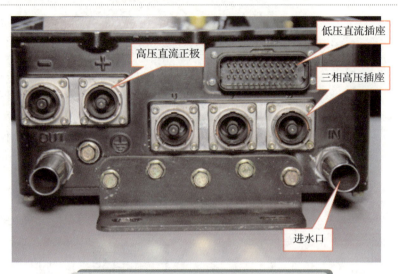

图 3-1-5 线束连接

水道的作用是通过冷却液的流动给 IGBT 模块及驱动板冷却散热，电动水泵驱动冷却液在电机、电机控制器与散热器之间循环流动。

3.1.3 电机控制器控制原理

电机控制器上安装有电流传感器，用以监测电机工作的实际电流（包括母线电流、三相交流电流）。电机控制器的主要功能有：与整车控制器通信、监测直流母线电流、控制 IGBT 模块、监控高压线束连接情况、反馈 IGBT 模块温度、旋变传感器励磁供电、旋变信号分析、信息反馈。以上主要功能是由控制板和接口电路来完成的，接口电路如图 3-1-6 所示。

图 3-1-6 接口

针对电力电子电路的变换，一般有以下基本形式：

（1）交流/直流变换（AC/DC变换），称为整流；

（2）直流/交流变换（DC/AC变换），称为逆变；

（3）直流/直流变换（DC/DC变换），称为斩波；

（4）交流/交流变换（AC/AC变换），称为变频。

电机控制器内部就是利用IGBT进行电路变化的。IGBT是一种功率开关电力电子元器件，功率开关器件主要有三种，分别是不可控器件——二极管、半控型器件——晶闸管、全控型器件——如IGBT，如图3-1-7所示。

IGBT驱动板的功能有：信号反馈给电机控制器控制主板、检测直流母线电压、直流转换交流及变频、监测相电流的大小、监测IGBT模块温度、三相整流。

图3-1-7　IGBT

IGBT模块共有6个IGBT，分别为V_1、V_2、V_3、V_4、V_5、V_6。其工作过程就像一个三极管，但它可以开关很大的电压和电流。其工作原理如图3-1-8所示。

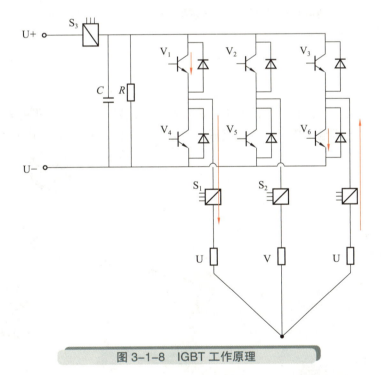

图3-1-8　IGBT工作原理

当U、V、W三相在初始位置时，U相电压位于零点，没有电压，W相电压位于正电位的高位，V相电压位于负电位的低位，W相与V相电压之间有较大的电位差，如图3-1-9所示。

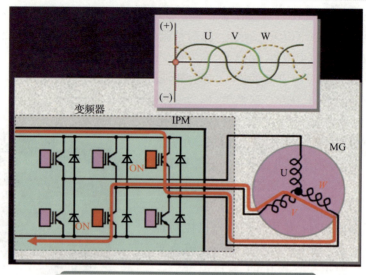

图 3-1-9 三项交流电的电位差

3.1.4 电机控制器驱动模式

整车控制器根据车辆运行的不同情况,包括车速、挡位、电池 SOC(电量)值,来决定电机输出扭矩/功率。

1. 驱动模式

当电机控制器从整车控制器处得到扭矩输出命令时,将动力电池提供的直流电转化成三相正弦交流电,驱动电机输出扭矩,通过机械传输来驱动车辆,如图 3-1-10 所示。

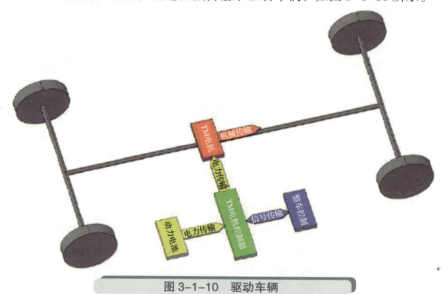

图 3-1-10 驱动车辆

2. 电机控制器发电模式

当车辆在滑行或制动的时候，电机控制器从整车控制器得到发电命令后，电机控制器将电机处于发电状态。此时电机会将车辆动能转化成电能。然后，三相正弦交流电通过电机控制器转化为直流电，存储到电池中。

3.1.5 电机控制器插件

低压插件是电机控制器对外通信的通道，为35针插件，如图3-1-11所示。

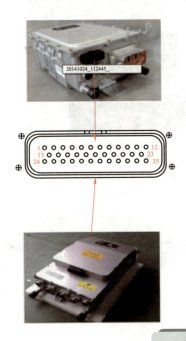

型号	编号	信号名称	说明
ANP 35针 C-776163-1	12	激励绕组R_1	电机旋转变压器接口
	11	激励绕组R_2	
	35	余弦绕组S_1	
	34	余弦绕组S_3	
	23	正弦绕组S_2	
	22	正弦绕组S_3	
	33	屏蔽层	
	24	12V_GND	控制电源接口
	1	12V+	
	32	CAN_H	CAN总线接口
	31	CAN_L	
	30	CAN_PB	
	29	CAN_SHIELD	
	10	TH	电机温度传感器接口
	9	TL	
	28	屏蔽层	
	8	485+	RS-485总线接口
	7	485-	
	15	$HVIL_1(+L_1)$	高低压互锁接口
	26	$HVIL_2(+L_2)$	

图3-1-11 低压插件

动力电池的直流电通过高压盒提供给驱动电机控制器，在电机控制器上布置2个安菲诺高压连接插座，如图3-1-12所示。

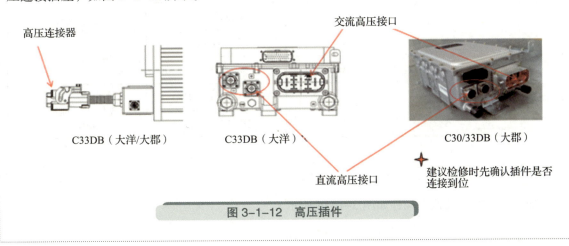

图3-1-12 高压插件

技能训练

3.1.6 电机控制器认知

1. 低压信号线束连接

驱动电机系统状态和故障信息会通过整车 CAN 网络上传给整车控制器（VCU），传输通道是两根信号线束，分别是电机到控制器的 19PIN 插件和控制器到 VCU 的 35PIN 插件。驱动电机低压插件如图 3-1-13 所示。

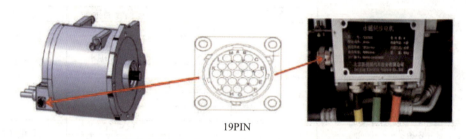

19PIN

图 3-1-13 驱动电机低压插件

低压接口的定义如表 3-1-2 所示。

表 3-1-2 驱动电机低压接口定义

连接器型号	编号	信号名称	说明
Amphenol RTOW01419PN03	A	激励绕组 R1	电机旋转变压器接口
	B	激励绕组 R2	
	C	余弦绕组 S1	
	D	余弦绕组 S3	
	E	正弦绕组 S2	
	F	正弦绕组 S4	
	G	THO	电机温度接口
	H	TLO	
	L	HVIL1（+L1）	高低压互锁接口
	M	HVIL2（+L2）	

2. 驱动电机控制器低压插件

驱动电机控制器低压插件如图 3-1-14 所示。

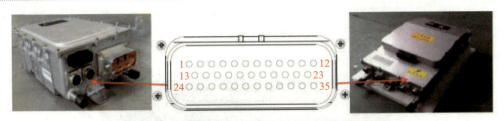

图 3-1-14 驱动电机控制器低压插件

驱动电机控制器低压插件针脚定义如表 3-1-3 所示。

表 3-1-3 驱动电机控制器低压插件针脚定义

35PIN			
型号	编号	信号名称	说明
AMP 35pin C-776163-1	12	激励绕组 R1	电机旋转变压器接口
	11	激励绕组 R2	
	35	余弦绕组 S1	
	34	余弦绕组 S3	
	23	正弦绕组 S2	
	22	正弦绕组 S4	
	33	屏蔽层	
	24	12V_GND	控制电源接口
	1	12V+	
	32	CAN_H	CAN 总线接口
	31	CAN_L	
	30	CAN_PB	
	29	CAN_SHIELD	
	10	TH	电机温度传感器接口
	9	TL	
	28	屏蔽层	
	8	485+	RS485 总线接口
	7	485-	
	15	HVIL1(+L1)	高低压互锁接口
	26	HVIL2(+L2)	

3. 高压动力线束连接

动力电池的直流电通过高压盒提供给驱动电机控制器,在电机控制器上布置有 2 个安菲诺高压连接插座。驱动电机控制器提供三相交流电到驱动电机,主要依靠规格 $35mm^2$ 的三根电缆及高压连接器，除大洋的驱动电机在 C30DB 上采用安菲诺独立插头外（对应的控制器上布置有 3 个安菲诺高压连接插座），其余的都是 LS 整体式插头。上述高压连接器均具备防错差功能，如图 3-1-15 所示。

图 3-1-15　高压动力线束连接

驱动电机高压接口定义如图 3-1-16 所示。

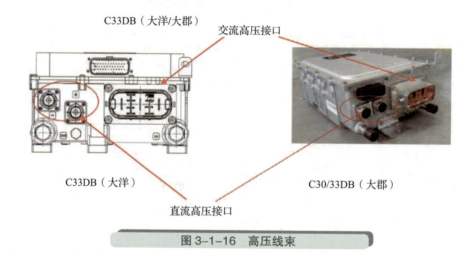

图 3-1-16　高压线束

知识小结

1. 整车控制器（VCU）根据驾驶员意图发出各种指令，电机控制器响应并反馈，实时调整驱动电机输出，以实现整车的怠速、前行、倒车、停车、能量回收及驻坡等功能。

2. 电机控制器内部很多电路板件和组件层层叠加，主要由 IGBT 模块组件（在驱动板上）、屏蔽板组件、控制板组件、传感器支架组件、三相插接件、直流插接件等组成。

3. 电机控制器上安装有电流传感器，用以监测电机工作的实际电流（包括母线电流、三相交流电流）；电机控制器的主要功能有：与整车控制器通信、监测直流母线电流、控制 IGBT 模块、监控高压线束连接情况、反馈 IGBT 模块温度、旋变传感器励磁供电、旋变信号分析、信息反馈。

高压电控总成认知

工作任务

假设你在新能源汽车某 4S 店工作,今天接了一辆比亚迪 E5 纯电动汽车,该车高压无法上电,师傅告诉你需要拆下高压电控总成进行检测,你知道如何拆下高压电控总成吗?

任务分析

学生要拆下比亚迪 E5 的高压电控总成,必须要了解总成的结构、作用、线束连接等相关理论知识,通过任务学生能正确认知高压电控总成,同时规范地进行高压电控总成的更换。

相关知识

3.2.1 比亚迪 E5 高压电控总成介绍

2018 款比亚迪 E5 纯电动汽车(5AEB)高压电控总成集成了电机控制器模块、车载充电器模块、DC/DC 变换器模块、高压配电模块及漏电传感器等,又称"四合一"。高压电控总成在前机舱内,如图 3-2-1 所示。

图 3-2-1 高压电控总成

比亚迪 E5 或 E6 车型拥有 VTOG、VTOV、VTOL 功能，即车对电网放电、车对车放电（救援时的车对车充电）、车对负载（外接的用电设备）放电，但是 2018 款比亚迪 E5 的高压电控总成取消了 VTOG 功能，保留了 VTOV、VTOL。另外，部分 2018 款 E5 车型也取消了 380 V 交流充电功能，使用了 220 V 7 kW 的车载充电机对车辆动力电池进行充电。因此，2018 款 E5 高压电控总成的主要作用有：

1. 驱动控制（驱动放电及回馈充电）

高压电控总成首先替代整车控制器的功能，采集加速踏板传感器、制动踏板传感器、挡位等信息，解析驾驶员驾驶意图，结合动力电池管理系统（BMS）的信息以及驱动电机的旋变等信号，高压电控总成内的电机控制器模块实现 DC-AC 的转换，控制电机正向、反向驱动以及正、反转发电功能；具有高压输出电压和电流控制限制功能，具有电压跌落、过流、过温、IPM 过温、IGBT 过温保护、功率限制、扭矩控制限制等功能，同时具备电控系统防盗、能量回馈控制、主动泄放、被动泄放控制等功能。

IPM（Intelligent Power Module）是指智能功率模块，把功率开关器件（IGBT）和驱动电路集成在一起，而且内有过电压、过电流和过温等故障检测电路，并可将检测信号送到 CPU。

2. 充放电控制

高压电控总成通过 220 V 7 kW 的交流充电机实现对动力电池的慢充充电；通过直流快充接触器和升压模块等部件的控制，实现直流快充充电。慢充充电具有实现预约充电功能。另外，它还具有 VTOV、VTOL 放电功能。

3. DC/DC 转换

高压电控总成内的 DC/DC 变换器模块，将动力电池的高压直流电转换为 12 V 直流电，为整车低压用电系统供电及给低压蓄电池充电。

4. 高压配电控制

高压电控总成内的高压配电模块完成动力电池电源的输出及分配，实现对支路用电器的保护及切断。

5. 漏电检测及主动泄放、被动泄放控制

漏电传感器可检测动力电池正极与车身之间是否存在漏电现象。另外，当车辆下电时，主动泄放模块在 5 s 内将高压电容的电压降到 60 V 以下，释放危险电能；当主动泄放失效时，高压电容内残余的高压电通过放电电阻消耗，被动泄放模块在 2 min 内把高压电容电压降到 60 V 以下，作为主动泄放失效的二重保护。

3.2.2 比亚迪 E5 高压电控总成外部接口介绍

2018 款 E5 高压电控总成外部接口示意图如图 3-2-2 所示。接口说明如表 3-2-1 所示。

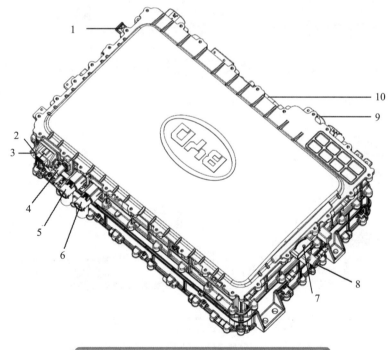

图 3-2-2 高压电控总成外部接口示意图

表 3-2-1 高压电控总成外部接口说明

编号	部件	编号	部件
1	DC 直流输出接插件	6	动力电池负极母线
2	33PIN 低压信号接插件	7	64PIN 低压接信号插件
3	高压输出空调压缩机接插件	8	入水管
4	高压输出 PTC 接插件（暖风用）	9	交流输入 L1，N 相
5	动力电池正极母线	10	驱动电机三相输出接插件

2018 款 E5 高压电控总成外部接口实物如图 3-2-3 所示。

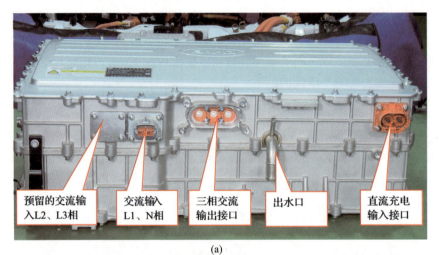

图 3-2-3 高压电控总成外部接口
（a）高压电控总成前部接口；（b）高压电控总成后部接口

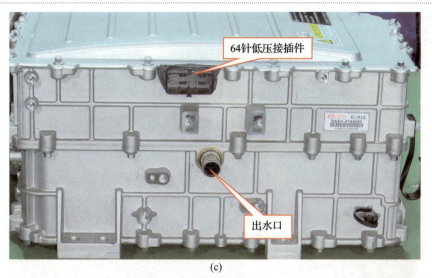

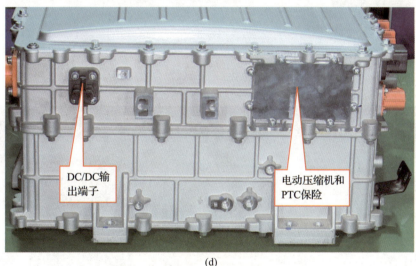

图 3-2-3　高压电控总成外部接口（续）
（c）高压电控总成左侧接口；（d）高压电控总成右侧接口

3.2.3　比亚迪 E5 高压电控总成内部模块介绍

2018 款 E5 高压电控总成可分为上下两层和中间水道。高压电控总成上层包含电机控制器模块、高压配电模块、DC/DC 转换器模块和漏电传感器，如图 3-2-4 所示。

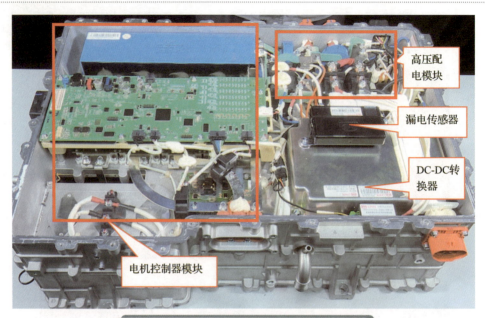

图 3-2-4　高压电控总成上层模块

高压电控总成下层包含车载充电机和直流快充升压线圈，如图 3-2-5 所示。

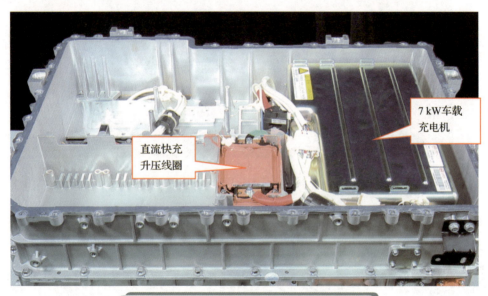

图 3-2-5　高压电控总成下层模块

高压电控总成中间的冷却水道如图 3-2-6 所示。

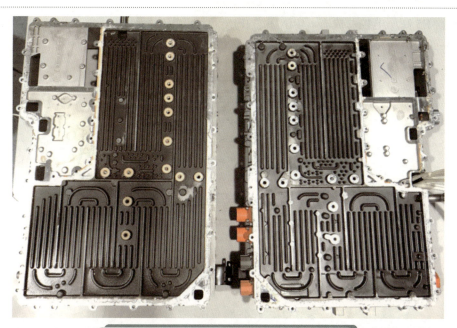

图 3-2-6 高压电控总成中间冷却水道

3.2.4 比亚迪 E5 高压电控总成高压连接关系与低压接插件定义

比亚迪 E5 高压电控总成高压连接关系如图 3-2-7 所示。

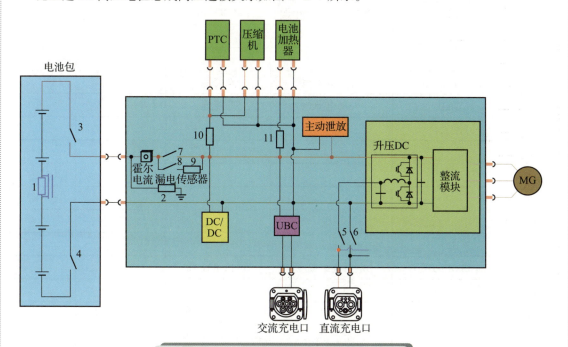

图 3-2-7 高压电控总成高压连接关系

1—维修开关；2—漏电传感器；3—正极接触器；4—负极接触器；5—直流充电正极接触器；6—直流充电负极接触器；
7—放电主接触器；8—预充接触器；9—预充电阻；10—空调保险；11—电池加热器保险

2018 款 E5 高压电控总成有 64PIN 和 33PIN 两种低压接插件。

64PIN 低压信号接插件引脚如图 3-2-8 所示，引脚说明如表 3-2-2 所示。

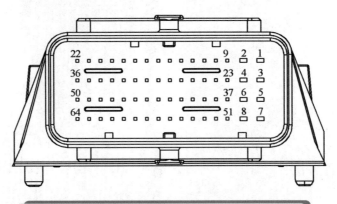

图 3-2-8　高压电控总成 64PIN 低压接插件引脚

表 3-2-2　64PIN 低压接插件引脚

引脚号	端口名称	端口定义	线束接法	电源性质 （比如：常电）	备注
1	+12V0	外部提供 ON 挡电源	接 IG3 电	IG3 双路电	
2	+12V1	外部提供常火电	常电	常电	
3					
4	+12V0	外部提供 ON 挡电源	接 IG3 电	IG3 双路电	
5					
6	GND	油门深度屏蔽地	车身地		
7	GND	外部电源地	车身地		
8	GND	外部电源地	车身地		
9					
10					
11					
12					
13					
14					
15	STATOR-T-IN	电机绕组温度	电机 B31-3		
16					
17	DC-BRAKE1	刹车深度 1	制动踏板 BG28-1		
18	DC-GAIN2	油门深度 2	油门踏板 BG44-1		
19					
20					

续表

引脚号	端口名称	端口定义	线束接法	电源性质（比如：常电）	备注
21					
22					
23					
24					
25					
26	GND	动力网 CAN 信号屏蔽地	车身地		
27					
28					
29	GND	电机模拟温度地	电机 B31-6		
30					
31	DC-BRAKE2	刹车深度 2	制动踏板 B28-8		
32	DC-GAIN1	油门深度 1	油门踏板 BG44-4		
33	DIG-YL1-OUT	预留开关量输出 1	空		
34	DIG-YL2-OUT	预留开关量输出 2	空		
35	/IN-HAND-BRAKE	手刹信号	预留		
36					
37	GND	刹车深度屏蔽地	车身地		
38	+5 V	刹车深度电源 1	制动踏板 BG28-2		
39	+5 V	油门深度电源 2	油门踏板 BG44-2		
40	+5 V	油门深度电源 1	油门踏板 BG44-3		
41	+5 V	刹车深度电源 2	制动踏板 BG28-7		
42					
43	SWITCH-YL1	预留开关量输入 1	空		
44					
45	GND	旋变屏蔽地	电机		
46					
47					
48					
49	CANH	动力网 CANH	动力网 CANH		
50	CANL	动力网 CANL	动力网 CANL		
51	GND	刹车深度电源地 1	制动踏板 BG28-2		
52	GND	油门深度电源地 2	油门踏板 BG44-6		
53					

续表

引脚号	端口名称	端口定义	线束接法	电源性质（比如：常电）	备注
54	GND	油门深度电源地 1	油门踏板 BG44-5		
55	GND	刹车深度电源地 2	制动踏板 BG28-9		
56	SWITCH-YL2	预留开关量输入 2	空		
57	IN-FEET-BRAKE	制动信号	制动开关（接 MICU-W14 B2H-20）		
58					
59	/EXCOUT	励磁 -	电机 B30-4		
60	EXCOUT	励磁 +	电机 B30-1		
61	COS+	余弦 +	电机 B30-3		
62	COS-	余弦 -	电机 B30-6		
63	SIN+	正弦 +	电机 B30-2		
64	SIN-	正弦 -	电机 B30-5		

33PIN 低压信号接插件引脚如图 3-2-9 所示，引脚说明如表 3-2-3 所示。

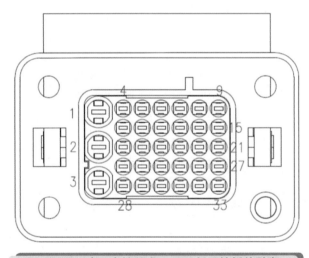

图 3-2-9　高压电控总成 33PIN 低压接插件引脚

表 3-2-3　33PIN 低压接插件引脚

引脚号	端口名称	端口定义	线束接法	电源性质（比如：常电）	备注
1	CP	充电控制确认 CP	接交流充电口		
2					
3		充电感应信号	接 BMS		

续表

引脚号	端口名称	端口定义	线束接法	电源性质（比如：常电）	备注
4		双路电电源	接 IG3 电	IG3 双路电	
5		双路电电源	接 IG3 电		
6		充电连接信号	接 BCM		
7	CC	充电连接确认 CC	接交流充电口		
8		GND 双路电电源地		双路电	
9		GND 双路电电源地			
10		GND 直流霍尔屏蔽地	接 BMS		
11		直流充电接触器烧结检测信号	接 BMS		
12		直流充电接触器烧结检测信号地	车身地		
13	GND	CAN 屏蔽地			
14		CAN_H	动力网		
15		CAN_L	动力网		
16		直流霍尔电源 +	接 BMS		
17		直流霍尔电源 –	接 BMS		
18		直流霍尔信号	接 BMS		
19	车身地	充电口温度检测信号地	接车身地		
20		充电口温度检测	接交流充电口		
21					
22	驱动 / 充电	高压互锁 +			
23		高压互锁 –			
24		主接触器 / 预充接触器电源	接 IG3 电		
25		直流充电正负极接触器电源	接 IG3 电		
26					
27					
28					
29		主预充接触器控制信号	接 BMS		
30		直流充电正极接触器控制信号	接 BMS		
31		直流充电负极接触器控制信号	接 BMS		
32		主接触器控制信号	接 BMS		
33					

技能训练

3.2.5 高压电控总成更换

1. 作业准备

（1）穿好工服、绝缘鞋；
（2）做好车辆内外防护工作，防止弄脏、损坏或腐蚀车辆；
（3）按照规范流程完成车辆下电操作；
（4）按照规范流程放掉驱动系统冷却液；
（5）拆下格栅上盖板。

2. 高压电控总成外围附件拆卸

拆下快充、慢充高压线束固定卡扣，并拔下快充、慢充高压线束插接件，如图 3-2-10 所示。

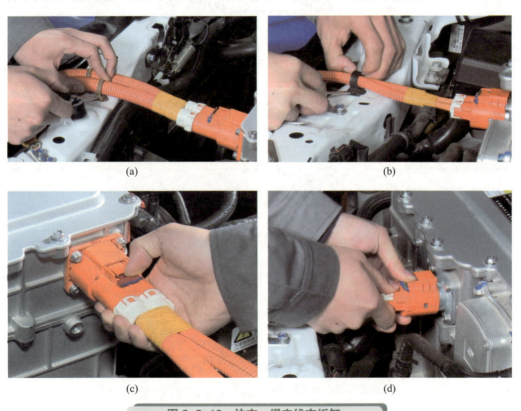

图 3-2-10 快充、慢充线束拆卸

（a）拆下快充线束卡扣；（b）拆下慢充线束卡扣；（c）拔下快充线束；（d）拔下慢充线束

拆下驱动电机三相输出线束插接件的 4 颗固定螺栓并拔下驱动电机三相输出线束插接件，如图 3-2-11 所示。

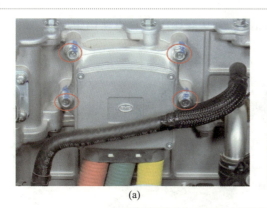
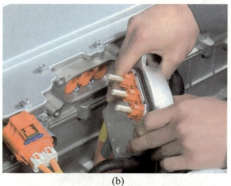

(a) (b)

图 3-2-11　驱动电机线束拆卸

(a) 驱动电机线束接插件固定螺栓；(b) 拔下驱动电机线束

拔下动力电池正负极母线插接件、64PIN 低压信号插接件、33PIN 低压信号插接件、电池管理控制器上的 3 个线束插接件、PTC 高压线束插接件、电动压缩机高压线束插接件、DC/DC 输出线束固定螺栓，取下 DC/DC 线束，如图 3-2-12 所示。

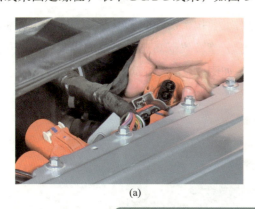
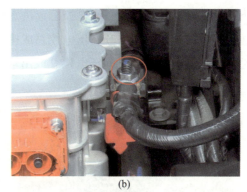

(a) (b)

图 3-2-12　动力电池母线等附件拆卸

(a) 动力电池正负极母线等附件拆卸；(b) DC/DC 输出线束固定螺栓

拆下高压电控总成左右两侧搭铁线束固定螺栓，如图 3-2-13 所示。

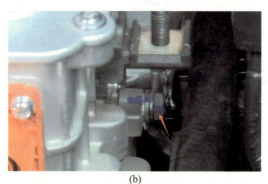

(a) (b)

图 3-2-13　搭铁线束拆卸

(a) 左侧搭铁；(b) 右侧搭铁

拆下前舱配电盒Ⅱ两颗固定螺栓，将冷却液水管从高压电控总成挂钩中取出，拆下PTC水加热系统储液罐两颗固定螺栓，如图3-2-14所示。

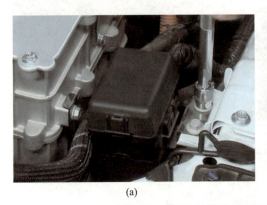

图3-2-14　前仓配电盒与PTC水加热系统储液罐拆卸
（a）拆下前舱配电盒Ⅱ固定螺栓；（b）拆下PTC水加热系统储液罐固定螺栓

下面是水冷拆卸，松开高压电控总成进水管固定卡扣，松开高压电控总成进水管卡箍，拔下高压电控总成进水管；松开高压电控总成排气管卡箍，拔下高压电控总成排气管；松开高压电控总成出水管卡箍，拔下高压电控总成出水管，如图3-2-15所示。

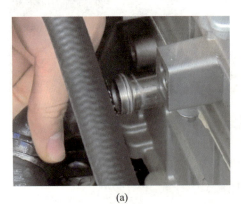

图3-2-15　高压电控总成进出水管拆卸
（a）进水管拆卸；（b）出水管拆卸

3. 高压电控总成固定螺栓拆卸

分别拆下高压电控总成的6颗固定螺栓，如图3-2-16所示。

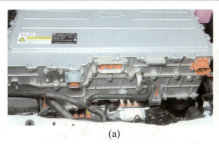  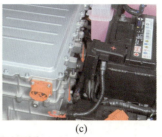

图 3-2-16　高压电控总成固定螺栓拆卸

（a）高压电控总成前部两颗螺栓；（b）高压电控总成左侧两颗螺栓；（c）高压电控总成右侧两颗螺栓

拆下电动压缩机高压线束固定卡扣，将高压电控总成从前机舱小心抬出，放在防静电工作台上，如图 3-2-17 所示。

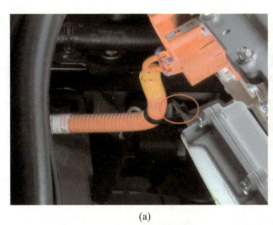 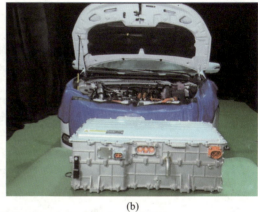

图 3-2-17　拆卸电动压缩机高压线束固定卡扣并抬出高压电控总成

（a）电动压缩机高压线束固定卡扣拆卸；（b）抬出高压电控总成

至此，高压电控总成拆卸作业完成，安装时按相反顺序进行。

知识小结

1. 2018 款比亚迪 E5 纯电动汽车（5AEB）高压电控总成集成了电机控制器模块、车载充电器模块、DC/DC 变换器模块、高压配电模块及漏电传感器等，又称"四合一"。

2. 比亚迪 E5 或 E6 车型拥有 VTOG、VTOV、VTOL 功能，即车对电网放电、车对车放电（救援时的车对车充电）、车对负载（外接的用电设备）放电。

3. 当车辆下电时，主动泄放模块在 5 s 内将高压电容的电压降到 60 V 以下，释放危险电能；当主动泄放失效时，高压电容内残余的高压电通过放电电阻消耗，被动泄放模块在 2 min 内把高压电容电压降到 60 V 以下，作为主动泄放失效的二重保护。

驱动系统冷却系统检修

工作任务

假设你在新能源汽车某4S店工作，今天接了一辆比亚迪E5纯电动汽车，该车报驱动系统过温故障，师傅告诉小王需要更换电动水泵，你知道如何更换电动水泵吗？

任务分析

学生需要掌握驱动系统冷却系统的作用和组成等相关理论知识，才能进行电动水泵的更换。通过任务学生能够正确认知驱动系统冷却系统，规范地对冷却系统进行检修及对电动水泵进行更换。

相关知识

3.3.1 驱动系统冷却系统概述

驱动系统由驱动电机、电机控制器及冷却系统构成。驱动电机与电机控制器在工作中会产生一部分热，天气炎热时需要对其进行强制散热，电动汽车一般采用的方法是水冷，即在电机控制器与驱动电机之中布置冷却水道，由电动水泵驱动冷却水使之循环将热量带到散热器进行散热，该冷却系统的状态形式与传统汽车的发动机冷却系统类似，如图3-3-1所示，该冷却系统中还包括膨胀水壶。

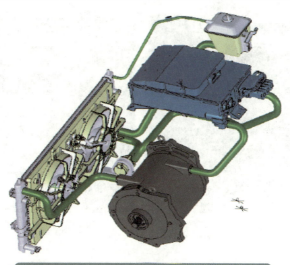

图 3-3-1 典型的驱动系统冷却系统

3.3.2 北汽EV160电机及控制器冷却系统介绍

北汽EV160纯电动车冷却系统的作用是对驱动电机及电机控制器进行冷却。冷却系统由电动水泵、电机控制器、驱动电机、散热器、冷却风扇、膨胀水箱和水管等组成,如图3-3-3~图3-3-6所示。

如图3-3-2所示,膨胀水箱连接管与膨胀水箱底部相连,这个水管与膨胀水箱上部相连。膨胀水箱的作用是调节散热器内部压力以及补充散热器液位。

图 3-3-2 EV160电动水泵相关部件

图 3-3-3　EV160 散热器与风扇

图 3-3-4　EV160 散热器放水口

图 3-3-5　EV160 电动水泵的安装位置

图 3-3-6　EV160 膨胀水箱

3.3.3　北汽 EV160 电动水泵的结构

北汽 EV160 电动水泵的水泵盖（进水口与出水口）由六颗螺栓与水泵体紧固连接，如图 3-3-7 所示。

电动水泵由电机带动水泵转子，依靠离心力吸入冷却液，再将其加速甩出，去往电机控制器与驱动电机，如图 3-3-8 所示。

图 3-3-7　EV160 电动水泵

图 3-3-8　EV160 电动水泵盖

水泵转子与电机转子做成一体，水泵转子上带有永磁体。电机转子与定子之间的气隙由塑料罩盖隔离开，所以水泵转子处的冷却液无法进入电机定子线圈，如图3-3-9所示。

图3-3-9　EV160电动水泵

EV160电动水泵的电机结构为直流无刷式，通过塑料罩盖将转子与定子隔离，转子套在塑料罩盖上的金属轴上，如图3-3-10所示。

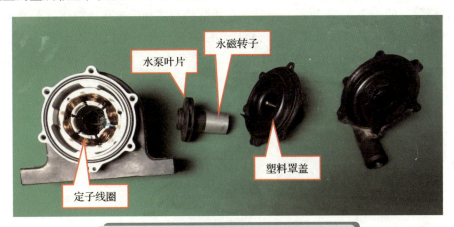

图3-3-10　EV160电动水泵

3.3.4　北汽EV160电机及控制器冷却系统控制策略

1. 水泵控制

当起动车辆时电动水泵开始工作（即仪表显示READY）。

2. 电机温度控制

当控制器监测到驱动电机温度在45~50℃时，冷却风扇低速起动；
当温度大于50℃时，冷却风扇高速起动；
温度降至40℃时冷却风扇停止工作；

温度在120~140℃时，降功率运行；
温度大于140℃时，降功率至0，即停机。

3. 电机控制器温度控制

当控制器监测到散热基板温度大于75℃时，冷却风扇低速起动；
当控制器监测到散热基板温度大于80℃时，冷却风扇高速起动；
当控制器监测到散热基板温度降至75℃时，冷却风扇停止工作；
当控制器监测到散热基板温度大于85℃时，超温保护，即停机；
当控制器监测到散热基板温度在75~85℃时，降功率运行。

3.3.5 比亚迪E5驱动系统冷却系统介绍

比亚迪E5驱动系统的冷却系统包括散热器、电动水泵、高压电控总成、驱动电机、储液罐及各个管路等，如图3-3-11所示。电动水泵将散热器内部的冷却液加压后送到高压电控总成冷却水套中，冷却液对高压电控总成进行冷却后再流向驱动电机冷却水套，对电机进行冷却，冷却液最后从电机出水口流向散热器上部。冷却系统加注的是乙二醇型长效防锈防冻液，用量6.2 L。

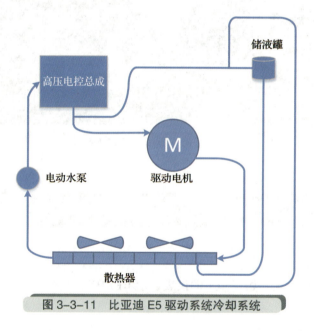

图3-3-11 比亚迪E5驱动系统冷却系统

比亚迪E5驱动系统冷却电动水泵安装在驱动电机前部底端，如图3-3-12所示，电动水泵将经过散热器降温的冷却液输送至高压电控总成的冷却水道。

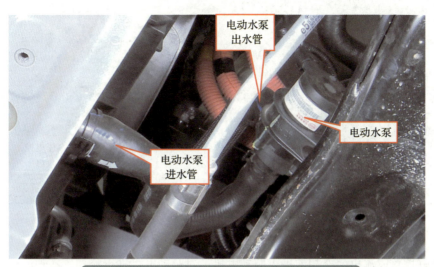

图 3-3-12　比亚迪 E5 驱动系统冷却电动水泵

比亚迪 E5 电机控制器模块集成在高压电控总成内,高压电控总成还集成了车载充电器模块、DC/DC 变换器模块、高压配电模块及漏电传感器等,各个模块在工作时都会发热,都需要进行冷却。驱动系统冷却液储液罐、高压电控总成进出水管如图 3-3-13 所示。

图 3-3-13　驱动系统冷却液储液罐及高压电控总成进出水口

电动水泵输送的冷却液通过高压电控总成中间水道对电机控制器模块、车载充电机模块、DC/DC 模块等进行冷却。高压电控总成中间冷却水道及冷却液流动路径如图 3-3-14 所示。

图 3-3-14 比亚迪 E5 高压电控总成中间冷却水道

由高压电控总成流出的冷却液进入驱动电机，对驱动电机进行冷却，冷却液温度由冷却液温度传感器进行检测，并将温度信号反馈给高压电控总成，如图 3-3-15 所示。

图 3-3-15 冷却液温度传感器

冷却液再由驱动电机冷却水道流向散热器，散热器对冷却液进行散热，如此往复循环。双电子风扇的散热器如图 3-3-16 所示。

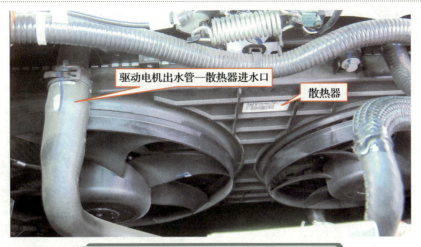

图 3-3-16　比亚迪 E5 散热器

3.3.6　比亚迪 E5 冷却系统控制策略

1. 电动水泵控制

比亚迪 E5 驱动系统的冷却电动水泵，在电源开关 ON 位时，水泵开始运转。

2. 风扇控制

冷却液水温为 40~50℃时低速请求，大于 55℃时高速请求；

IPM 为 53~64℃时低速请求，大于 64℃时高速请求，大于 85℃时报警；

IGBT 为 55~75℃时低速请求，大于 75℃时高速请求 大于 90℃时限制功率输出，大于 100℃时报警；

电机温度为 90~110℃时低速请求，大于 110℃时高速请求。

3.3.7　DC50B 型新能源汽车电动水泵

该电动水泵取消了电机与水泵叶轮之间的机械连接，彻底解决了汽车水泵水封漏水问题，该水泵分为 12 V 系统和 24 V 系统，可以兼容目前车用主流电源系统。在电路设计方面，采用三相全桥驱动，采用的主控芯片在 12 V 系统时无须额外驱动芯片，可以直接驱动 MOS 管，减少了元件数量和控制器体积。在控制方式上，采用了无传感器换向和正弦波驱动的方式，提高了系统的可靠性，同时减小了电机噪声，同时具有 PWM 和 LIN 总线通信接口，如图 3-3-17 所示。可以通过控制指令实时控制水泵输出功率。在机械工艺方面，其采用了有效的散热设计，保证了设计的紧凑性，达到减小体积、减轻质量、提高功率密度的目标，真正实现了体积小、质量轻、效率高、智能化的特点，可以满足电动汽车的控制器、驱动电机散热和传统汽车的辅助散热需求。

该电动水泵驱动电路如图 3-3-18 所示，由 6 个 MOS 管产生 PWM 信号驱动电机工作。

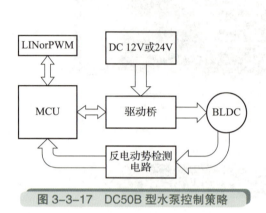

图 3-3-17 DC50B 型水泵控制策略

图 3-3-18 DC50B 型水泵驱动电路

该电动水泵的性能指标如表 3-3-1 所示。

表 3-3-1 DC50B 型水泵性能指标

性能指标	参数
额定输入电压范围 /V	9~15（12 V），18~30（24 V）
最大输入电流 /A	6（12 V），3（24 A）直流
额定功率 /W	65
最大整机效率	45%
控制方式	PWM 或 LIN
初次缘绝缘	功能性绝缘（2 500 V）
密封防水等级	IP65
工作环境温度 /℃	-40~+130
外壳	铝合金外壳
体积	ϕ65 mm × 130 mm
质量 /g	小于 600

技能训练

3.3.8 电动水泵的更换

当电动水泵故障导致高压电控总成与电机冷却效果变差，温度加高时，需更换电动水泵。

（1）安全注意事项：

因电动水泵位于车身下部，附近有高压线缆，拆卸电动水泵之前必须严格按照规范对车辆进行下电操作。需关闭点火开关，断开蓄电池负极，拔下维修开关。为确保安全，最好由两人共同完成电动水泵的更换。

（2）比亚迪E5电动水泵的更换过程：

用手触摸，确认电机和冷却液储液罐等已冷却，沿逆时针方向慢慢旋开冷却液储液罐盖，将冷却系统中的残余压力全部释放，取下储液罐盖。

举升车辆，旋下散热器放水阀，将排出的冷却液存放于合适的容器内，排尽冷却液。

安装散热器放水阀，降下车辆，拔下电动水泵线束插头，松开电动水泵出水管卡箍，拔下电动水泵出水管。

举升车辆，松开电动水泵进水管卡箍，拔下电动水泵进水管，拆下电动水泵两颗固定螺丝，取下电动水泵。

电动水泵拆卸完成，安装时按相反顺序进行。

知识小结

1. 比亚迪E5驱动系统的冷却系统包括散热器、电动水泵、高压电控总成、驱动电机、储液罐及各个管路等。

2. 电动水泵将散热器内部的冷却液加压后送到高压电控总成冷却水套中，冷却液对高压电控总成进行冷却后再流向驱动电机冷却水套，对电机进行冷却，冷却液最后从电机出水口流向散热器上部。

3. EV160电动水泵的电机结构为直流无刷式，通过塑料罩盖将转子与定子隔离，转子套在塑料罩盖上的金属轴上。

参考文献

[1] 节能与新能源汽车技术路线图战略咨询委员会. 节能与新能源汽车技术路线图［M］. 北京：机械工业出版社，2016.

[2] 申荣卫. 纯电动汽车整车控制系统检测与维修［M］. 北京：机械工业出版社，2018.

[3] 郑军武，吴书龙. 新能源汽车技术［M］. 长春：东北师范大学出版社，2016.

[4] 刘莉. 纯电动汽车驱动控制策略开发与硬件在环测试［D］. 重庆：重庆理工大学，2019.

[5] 王志福. 电动汽车电驱动理论与设计［M］. 北京：机械工业出版社，2017.

[6] 李伟. 新能源汽车构造原理与故障检修［M］. 北京：化学工业出版社，2015.

[7] 郭敏锐. 基于能量管理策略的纯电动汽车续驶里程研究［J］. 自动化与仪器仪表，2017（6）.

[8] 黄志勇. 电动汽车高压配电控制策略的改进［J］. 客车技术与研究，2018（3）.

[9] 宁德发. 电动汽车结构·原理·检测·维修［M］. 北京：化学工业出版社，2016.

[10] 包科杰，徐利强. 新能源汽车维护与故障诊断［M］. 北京：人民交通出版社，2017.

[11] 陈黎明. 电动汽车结构原理与故障诊断［M］. 北京：机械工业出版社，2015.

[12] 蔡兴旺. 新能源汽车结构与维修［M］. 北京：机械工业出版社，2014.

[13] 崔胜民. 新能源汽车概论［M］. 北京：北京大学出版社，2015.

[14] 吕优. 纯电动汽车再生制动节能潜力研究［D］. 长春：吉林大学，2017.

目 录

学习情境 1　驱动电机检测与更换 ……………………………………………………… 1
　任务工单 1.1　驱动电机系统认知 ……………………………………………………… 1
　任务工单 1.2　驱动电机更换 …………………………………………………………… 3
　任务工单 1.3　永磁同步电机拆装 ……………………………………………………… 5
　任务工单 1.4　永磁同步电机检测 ……………………………………………………… 7
　任务工单 1.5　直流电机拆装 …………………………………………………………… 11
　任务工单 1.6　感应电机检测 …………………………………………………………… 14

学习情境 2　动力传动系统拆装与调整 ………………………………………………… 16
　任务工单 2.1　动力传动总成拆卸 ……………………………………………………… 16
　任务工单 2.2　减速驱动桥认知 ………………………………………………………… 19
　任务工单 2.3　减速驱动桥拆装与调整 ………………………………………………… 21

学习情境 3　电机控制部件认知与更换 ………………………………………………… 25
　任务工单 3.1　电机控制器认知 ………………………………………………………… 25
　任务工单 3.2　高压电控总成认知 ……………………………………………………… 27
　任务工单 3.3　驱动系统冷却系统检修 ………………………………………………… 29

学习情境 1　驱动电机检测与更换

任务工单 1.1　驱动电机系统认知

任务名称	任务 1.1　驱动电机系统认知	实训教室		
学生姓名		学生学号	任务成绩	
班　　级		日　　期		
任务描述	需要登记该车辆的驱动电机信息			
任务目的	能认识新能源汽车的驱动电机，了解驱动电机类型等；具有一定的安全意识			

一、知识强化

1. 在新能源汽车和燃料电池电动汽车中，_____作为唯一的驱动装置输出动力。
2. 驱动电机系统一般由_____、_____和_____（一般集称为电机控制器）组成。
3. 电机是以_____为媒介进行_____和_____相互转换的电磁装置，在电动汽车驱动过程中作为电动机运行，将动力电池中存储的电能转换为机械能驱动车辆运行，在制动或减速过程中作为发电机运行，将机械能转化为电能存储在动力电池中。
4. 电机的主要优势在于它可以在_____运行时提供较大的峰值扭矩，并且可以短时间内提供额定功率 2~3 倍的瞬时功率，这些可以为车辆带来出色的加速性能，同时在_____时还可以实现再生制动。
5. 电机是指依据_____原理实现电能的生产、传输和使用的能量转换机械能。
6. 所有的电机在_____运行时将电能转换为机械能，在_____运行时将机械能转化为电能。同一台电机既可以作为_____也可以作为发电机，只需要相应改变控制算法即可。

二、计划制订

请根据任务要求，确定所需要的检测仪器、工具，并对小组成员进行合理分工，制订详细的工作计划。

1. 需要的资料及用具

2. 小组成员分工

3. 工作计划

学习情境 1　驱动电机检测与更换

三、任务实施

开始作业前，穿好_____、_____，做好车辆内外防护工作，防止弄脏、损坏或腐蚀车辆。

1. 整体认知

观察驱动电机外观，驱动电机系统由_____、驱动电机控制器（MCU）构成，通过_____、_____，与整车其他系统作电气和散热连接。

2. 观察外观

观察外观，明确各部位的名称，并将各部分名称写在下面。

3. 获取驱动电机参数

观察驱动电机铭牌，记录驱动电机参数。

类型	
基速	
转速范围	
额定功率	
峰值功率	
额定扭矩	
峰值扭矩	
质量	
防护等级	
尺寸（定子直径 × 总长）	

四、状态检查

完成后，进行如下检查。

1. 检查车辆、工具、设备是否复位：_____
2. 检查场地是否清洁：_____
3. 检查车辆能否正常上电：_____

五、学习评价

1. 请根据自己任务完成的情况，对自己的工作进行自我评估，并提出改进意见。

（1）_____

（2）_____

（3）_____

2. 工单成绩（总分为自我评价、组长评价和教师评价得分值的平均值）

自我评价	组长评价	教师评价	总分

任务工单 1.2 驱动电机更换

任务名称	任务 1.2 驱动电机更换	实训教室			
学生姓名		学生学号		任务成绩	
班　级		日　期			
任务描述	需要进行驱动电机更换				
任务目的	正确完成驱动电机的拆装并严格执行 5S 现场管理；在工作中养成团队意识和合作精神				

一、知识强化

1. 驱动电机系统由_____、_____等组成。电机控制器通过三相动力线给_____供电，驱动电机通过_____将电机转子位置信号及定子温度信号传给_____。电机控制器的电力来自_____，一般整车控制器（VCU）通过加速踏板传感器、挡位以及制动踏板传感器等信息，判断驾驶员的驾驶意图后，通过_____与电机控制器通信，电机控制器根据_____当前的状态，向电机输出驱动电力使其运转。

2. 通过_____工作状态可以了解新能源汽车_____的基本功能，根据驾驶员意愿，驱动电机的工作状态可以分为以下几种_____时、减速制动时、_____时以及 E 挡行驶时。

3. 驾驶员挂 D 挡并踩_____，此时挡位信息和加速信息通过信号线传递给整车控制器_____，_____把驾驶员的操作意图通过_____传递给驱动电机控制器_____，再由驱动电机控制器 MCU 结合_____信息（转子位置），进而向永磁同步电动机的定子通入_____，三相电流在定子绕组的电阻上产生电压降。

4. 比亚迪 E5 驱动电机系统由驱动电动机、_____及冷却系统构成。

5. 驱动电机对外有_____连接、高压线束连接和_____连接。驱动电机通过低压线束将电机当前的_____、_____、定子绕组温度等信息传送给_____内的电机控制器模块，电机控制器模块接收来自动力电池的_____，通过 U、V、W 三相高压线束控制驱动电机的运转速度、转矩、正反转以及驱动和发电两种工作模式。

二、计划制订

请根据任务要求，确定所需要的检测仪器、工具，并对小组成员进行合理分工，制订详细的工作计划。

1. 需要的资料及用具

2. 小组成员分工

3. 工作计划

三、任务实施

1. 拆卸前

在动力总成从整车拆卸前，打开_____组件，将变速箱体内的_____排放干净，拧紧_____组件于箱体上，防止在拆卸过程中，异物掉入变速箱腔体内（注意：不要扭得太紧，以免O形密封圈压碎）。

2. 拆卸：

交错拧开用于固定变速箱箱体与电动机的_____，紧固力矩为_____。将变速箱与电动机分离。

3. 安装

将_____复位，安装_____，交错拧紧，紧固力矩为_____。

四、状态检查

完成后，进行如下检查：

1. 检查车辆、工具、设备是否复位：_____
2. 检查场地是否清洁：_____
3. 检查车辆能否正常上电：_____

五、学习评价

1. 请根据自己任务完成的情况，对自己的工作进行自我评估，并提出改进意见。

（1）_____

_____

（2）_____

_____

（3）_____

_____

2. 工单成绩（总分为自我评价、组长评价和教师评价得分值的平均值）

自我评价	组长评价	教师评价	总分

任务工单 1.3 永磁同步电机拆装

任务名称	任务 1.3 永磁同步电机拆装	实训教室			
学生姓名		学生学号		任务成绩	
班　　级		日　　期			
任务描述	驱动电机性能异常,师傅拆下驱动电机后告知小王对其拆解判断性能异常位置				
任务目的	掌握永磁同步电机的结构和拆装步骤				

一、知识强化

1. 驱动电机是以_____为媒介进行电能和机械能互相转换的电磁装置,在电动汽车驱动过程中作为_____运行,将动力电池中存储的电能转换为_____驱动车辆运行,在制动或_____过程中作为_____运行,将机械能转化为_____存储在动力电池中。

2. 永磁同步电机无须_____,可以显著提高_____,定子电流和定子电阻损耗小,而且在稳定运行时无转子电阻损耗,效率高。

3. 永磁同步电机属于_____,定子绕组与_____相同。它的转子旋转速度与_____所产生的旋转磁场的速度是一样的,所以称为同步电机。正由于这样,同步电动机的电流在相位上是超前于_____的,即同步电动机是一个容性负载。

4. 永磁同步电机主要由_____、_____和_____组成。

5. 定子包括定子铁芯和_____,定子绕组镶嵌在定子铁芯中,绕组的作用是通电时可以产生_____,铁芯的作用是可以提高_____。永磁同步电机定子结构和工作原理与交流异步电机一样。

6. 电机是指依据_____原理实现电能的生产、传输和使用的能量转换机械。

二、计划制订

请根据任务要求,确定所需要的检测仪器、工具,并对小组成员进行合理分工,制订详细的工作计划。

1. 需要的资料及用具

2. 小组成员分工

3. 工作计划

学习情境 1 驱动电机检测与更换

三、任务实施

拆下驱动电机三相线束接线盒盖上的_____（8 mm 套筒），取下_____。

拆下三相线束端子与电机的_____以及三相线束与电机外端的_____（8 mm 套筒）后拔下驱动电机_____。

拆下驱动电机后盖上_____（10 mm 套筒）。

拆下驱动电机旋变和温度传感器接头_____（8 mm 套筒），并拔下驱动电机旋变和_____接头。

使用_____向外均匀敲击后盖，使其与_____脱开。

使用工具压出_____。

驱动电机解体完毕。

对驱动电机进行检测或维修后装入_____。

将驱动电机旋变和_____接头装入后盖相应的孔内，按压后盖使其端面与驱动电机壳体平齐。

后面继续安装驱动电机旋变和_____接头固定螺栓，安装驱动电机后盖上_____（紧固力矩为 25 N·m），安装三相线束，安装三相线束与电机外端的_____，安装三相线束端子与电机的 3 颗连接螺栓，安装_____，安装接线盒盖上的_____，驱动电机安装完毕。

四、状态检查

完成后，进行如下检查。

1. 检查车辆、工具、设备是否复位：_____
2. 检查场地是否清洁：_____
3. 检查驱动电机是否安装完备：_____

五、学习评价

1. 请根据自己任务完成的情况，对自己的工作进行自我评估，并提出改进意见。

（1）_____

_____

（2）_____

_____

（3）_____

_____

2. 工单成绩（总分为自我评价、组长评价和教师评价得分值的平均值）

自我评价	组长评价	教师评价	总分

任务工单 1.4 永磁同步电机检测

任务名称	任务 1.4 永磁同步电机检测	实训教室		
学生姓名		学生学号		任务成绩
班　　级		日　　期		
任务描述	驱动电机性能异常，需要进行性能测试			
任务目的	掌握永磁同步电机的性能参数和检测方法			

一、知识强化

1. 旋转变压器是_____，用于确定电机转子的位置，便于_____输出正确相位和频率的电压控制电机运转。

2. _____用来测定转子磁极位置从而为电机控制器内的逆变器（IGBT模块）提供正确的换向信息，作为_____传感元件，常用的有：光学编码器、_____和旋转变压器。

3. 从原理上看，旋转变压器相当于一台可以转动的_____。当励磁绕组以一定频率的交流电压励磁时，输出绕组的电压幅值与转子转角成正弦、余弦函数关系，或保持某一_____关系，或在一定转角范围内与转角呈线性关系。

4. 驱动电机系统状态和故障信息会通过整车_____网络上传给_____，传输通道是两根信号线束。

5. 驱动电机、驱动电机控制器及它们工作必需的辅助装置的组合称为_____。

6. 将电能转换成机械能为车辆行驶提供驱动力的电气装置，称为_____。

7. 控制动力电源与驱动电机之间能量传输的装置，由控制信号接口电路、驱动电机控制电路和驱动电路组成的是_____。

8. 驱动电机系统的直流输入电压称为_____。

9. 直流母线的标称电压称为_____。

10. 直流母线电压的最高值称为_____。

11. 规定的最大、长期工作的功率称为_____。

12. 当驱动电机控制器被切断电源，切入专门的放电回路后，控制器支撑电容快速放电的过程称为_____。

13. 当驱动电机控制器被切断电源后，不切入专门的放电回路，控制器支撑电容自然放电的过程称为_____。

二、计划制订

请根据任务要求,确定所需要的检测仪器、工具,并对小组成员进行合理分工,制订详细的工作计划。

1. 需要的资料及用具

2. 小组成员分工

3. 工作计划

三、任务实施

检测项目

检测项目	要求
检查驱动电机外观标识	□ 检查并记录电机外观实际情况 □ 检查并记录电机铭牌信息 □ 转动手柄进行空转检查并记录
检查驱动电机冷却密封回路	□ 检查冷却密封回路 □ 安装(加气时不能漏气)冷却密封仪和堵头 □ 用压缩空气加压 200 kPa,保持 15 min 不下降,表明密封良好
测量冷态绝缘电阻	□ 测量并记录冷态绝缘电阻
测量绕组	□ 用接地电阻表电阻挡测量并记录绕组短路情况 □ 用数字万用表交流电压挡测量并记录绕组断路情况(转动手柄的同时观察万用表是否有数据显示)
测量旋变传感器	□ 用数字万用表电阻挡测量并记录旋变传感器各电阻
测量温度传感器	□ 用数字万用表电阻挡测量并记录定子温度传感器各电阻

根据以上检测项目完成作业，结果填入下表中。

结果记录

序号	测试项目	技术要求	结果	
1	外观	电机表面不应有锈蚀、碰伤、划痕，涂覆层不应有剥落，紧固件连接牢固，接线端完整无损		
2	标识	电机铭牌标识是否清楚，字迹是否清晰		
		1. 工作电压		
		2. 最大功率		
		3. 最高转速		
		4. 防护等级		
		5. 绝缘等级		
		6. 型号		
		7. 最大转矩		
3	空转检查	无定转子相擦或异响		
4	冷却回路密封性	标准要求：不低于 200 kPa，保压 15 min，无泄漏		
5	冷态绝缘电阻	兆欧表电压等级：1 000 V		
		标准要求：≥ 20 MΩ	U-壳	
			V-壳	
			W-壳	
		兆欧表电压等级：1 000 V		
		标准要求：≥ 20 MΩ	U-温度传感器	
			V-温度传感器	
			W-温度传感器	
6	绕组短路检查	测试条件：使用接地电阻表进行绕组间的电阻测量	U-V	
			V-W	
			W-U	
7	绕组断路检查	测试条件：使用专用工具转动电机，通过数字万用表测量电机绕组间的电压	U-V	
			V-W	
			W-U	
8	旋变传感器绕组阻值检查	标准要求：12.5 ± 2Ω	正弦	
		标准要求：12.5 ± 2Ω	余弦	
		标准要求：6.5 ± 2Ω	励磁	
9	电机绕组温度传感器阻值检查	标准要求：10~40℃温度下，50.04~212.5 kΩ		

学习情境 1　驱动电机检测与更换

四、状态检查

完成后，进行如下检查。

1. 检查车辆、工具、设备是否复位：_____
2. 检查场地是否清洁：_____
3. 检查驱动电机是否安装完备：_____

五、学习评价

1. 请根据自己任务完成的情况，对自己的工作进行自我评估，并提出改进意见。

（1）_____

_____

（2）_____

_____

（3）_____

_____

2. 工单成绩（总分为自我评价、组长评价和教师评价得分值的平均值）

自我评价	组长评价	教师评价	总分

任务工单 1.5　直流电机拆装

任务名称	任务 1.5　直流电机拆装	实训教室			
学生姓名		学生学号		任务成绩	
班　　级		日　　期			
任务描述	直流电机性能异常，需要进行性能测试				
任务目的	掌握直流电机的性能参数和检测方法				

一、知识强化

1. 直流电机是实现直流电能与机械能相互转换的一种_____，它包括_____和_____。在直流电机中，将_____转化为电能的是直流发电机，将电能转化为机械能的是_____。与交流电机相比，直流电机结构_____、成本_____、维护麻烦，但直流电动机具有良好的_____性能、较大的_____和_____能力强等优点。

2. 直流电机由_____和_____组成。定子由主磁极、换向极、_____和_____组成；转子由_____、电枢绕组、换向器和_____等组成。通电线圈会产生_____，运用右手定则，右手食指方向为_____方向，右手握住线圈，沿拇指方向产生了向下的_____，由于线圈绕在磁极上，_____由磁极通过转子的电枢铁芯，再通过磁轭构成了一个闭合的_____。

3. 主磁极铁芯一般采用_____mm 厚的低碳钢板冲片叠压而成。靠近气隙的较宽部分称为_____，它既可以使气隙分布均匀，又便于固定_____；套励磁绕组的那部分铁芯称为_____。励磁绕组采用绝缘铜线绕制而成，再经绝缘处理，然后套装在主磁极_____上，最后将整个主磁极用螺钉均匀地固定在机座的内圆上。

4. 电枢铁芯是磁路的一部分，用来嵌放_____。电枢铁芯一般采用0.35 mm 或者0.5 mm 厚的有齿、槽的_____，且两面涂有_____叠压而成。电枢铁芯上有轴向_____，利于设备在运行过程中进行通风，提高设备寿命。

5. 电枢绕组是电路的一部分，由_____绕制而成的许多个线圈，嵌放在_____槽内，按一定规律经_____连接成整体。电枢绕组的作用是产生_____和_____，从而实现_____，是电机的重要组成部分。

6. 不论是直流发电机还是直流电动机，电刷之间的外部电压都是_____的，而线圈内部的电流却是_____的，所以_____是直流电机中的关键部件。直流电机具有_____性，原则上既可以作为发电机运行，也可以作为_____运行，只是外部条件不同而已。

二、计划制订

请根据任务要求，确定所需要的检测仪器、工具，并对小组成员进行合理分工，制订详细的工作计划。

1. 需要的资料及用具

2. 小组成员分工

3. 工作计划

三、任务实施

检查直流驱动电机。

1. 安全注意事项

（1）当举升车辆，操作人员位于车辆底部时，应穿戴_____、绝缘手套、_____和_____。

（2）当插拔驱动电机相关_____时，应按正确操作规范先进行_____，再进行其他相关操作。

2. 检查故障

转动转子，检查有无由于轴承严重超差及端盖内孔磨损或端盖止口与机壳止口磨损变形，使电机壳、端盖、转子三者不同轴心引起扫膛：_____。

检查有无由于转子动平衡不好，轴承不良，转轴弯曲，端盖、机壳与转子不同轴心，紧固件松动等造成的振动：_____。

检查有无轴承损坏：_____。

四、状态检查

完成后，进行如下检查。

1. 检查车辆、工具、设备是否复位：_____
2. 检查场地是否清洁：_____
3. 检查车辆是否正常工作：_____

五、学习评价

1. 请根据自己任务完成的情况，对自己的工作进行自我评估，并提出改进意见。

（1）_____

_____

（2）_____

_____

（3）_____

_____

2. 工单成绩（总分为自我评价、组长评价和教师评价得分值的平均值）

自我评价	组长评价	教师评价	总分

学习情境 1　驱动电机检测与更换

任务工单 1.6　感应电机检测

任务名称	任务 1.6　感应电机检测	实训教室	
学生姓名		学生学号		任务成绩	
班　级		日　期			
任务描述	感应性能异常，需要进行检查		
任务目的	掌握感应电机的检查方法		

一、知识强化

1. 感应电机是目前工业中应用十分广泛的一类电机，其特点是定、转子由_____叠压而成，两端用铝盖封装，定、转子之间没有互相接触的_____，结构简单，运行可靠耐用，维修方便。

2. 感应电机与同功率的直流电机相比效率更高，质量约小了_____。如果采用_____方法，可以获得与直流电机相媲美的可控性和更高的_____范围。由于有着效率高、比功率大、适合于高速运转等优势，感应电机在目前大功率电动汽车上应用较广。

3. 定子在空间静止不动，主要由_____、_____、机座和_____等部分组成。

4. 转子是电动机的旋转部分，转子由_____和_____组成。

5. 由于感应电机对温度耐受范围大，特斯拉的电机不需要像其他电动车那样安装散热器、_____、_____及_____等，也无须安装其余的传动机构，因此其电机的体积和重量大大缩小。

二、计划制订

请根据任务要求，确定所需要的检测仪器、工具，并对小组成员进行合理分工，制订详细的工作计划。

1. 需要的资料及用具

2. 小组成员分工

3. 工作计划

三、任务实施

检查感应电机。

1. 安全注意事项

（1）当举升车辆，操作人员位于车辆底部时，应穿戴_____、绝缘手套、_____和_____。

（2）当插拔驱动电机相关_____时，应按正确操作规范先进行_____，再进行其他相关操作。

2. 检查故障

转动转子，检查有无由于轴承严重超差及端盖内孔磨损或端盖止口与机壳止口磨损变形，使电机壳、端盖、转子三者不同轴心引起扫膛：_____。

检查有无由于转子动平衡不好，轴承不良，转轴弯曲，端盖、机壳与转子不同轴心，紧固件松动等造成的振动：_____。

检查有无轴承损坏：_____。

3. 用万用表检测定子绕组电阻

使用万用表笔挨个测量电机三相绕组输出线中任意两根输出线电阻，电阻分别为：_____、_____、_____，判断定子绕组是否存在断路的可能：_____。

四、状态检查

完成后，进行如下检查。

1. 检查车辆、工具、设备是否复位：_____
2. 检查场地是否清洁：_____
3. 检查车辆是否正常工作：_____

五、学习评价

1. 请根据自己任务完成的情况，对自己的工作进行自我评估，并提出改进意见。

（1）_____

（2）_____

（3）_____

2. 工单成绩（总分为自我评价、组长评价和教师评价得分值的平均值）

自我评价	组长评价	教师评价	总分

学习情境 2　动力传动系统拆装与调整

任务工单 2.1　动力传动总成拆卸

任务名称	任务 2.1　动力传动总成拆卸	实训教室			
学生姓名		学生学号		任务成绩	
班　级		日　期			
任务描述	正确地进行动力总成的拆卸				
任务目的	掌握动力传动总成的拆卸方法				

一、知识强化

1. 新能源汽车动力系统主要由＿＿＿＿＿、减速驱动桥等组成。＿＿＿＿＿在车上的布置形式对车辆性能有很大影响。

2. 纯电动汽车动力系统形式是指＿＿＿＿＿数量、位置以及＿＿＿＿＿系统布置的形式。电动汽车的＿＿＿＿＿是电动汽车的核心部分，其性能决定着电动汽车行驶性能的好坏。电动汽车的驱动系统布置取决于＿＿＿＿＿方式，可以有多种类型。电动汽车的驱动方式主要有＿＿＿＿＿、前轮驱动和＿＿＿＿＿。

3. 后轮驱动方式是传统的布置方式，适合＿＿＿＿＿电动轿车和各种类型＿＿＿＿＿车，有利于车轴负荷＿＿＿＿＿，汽车＿＿＿＿＿稳定性、行驶＿＿＿＿＿性较好。后轮驱动方式主要有传统＿＿＿＿＿布置形式、电机－驱动桥组合后驱动布置形式、＿＿＿＿＿一体化后驱动布置形式、＿＿＿＿＿后驱动布置形式、轮毂电机后驱动布置形式等。

4. 轮边电机与＿＿＿＿＿集成后融入驱动桥上，采用＿＿＿＿＿连接，减少高压电器数量和长度；优化后的驱动系统可降低车身高度，提高＿＿＿＿＿，提升有效空间。

5. 单速变速器也称为＿＿＿＿＿，这种变速器不用＿＿＿＿＿，也不能通过换挡提高电动汽车＿＿＿＿＿。

6. 国内外很多企业开发了"三合一"驱动桥总成，即＿＿＿＿＿、＿＿＿＿＿、＿＿＿＿＿三合一。

二、计划制订

请根据任务要求，确定所需要的检测仪器、工具，并对小组成员进行合理分工，制订详细的工作计划。

1. 需要的资料及用具

2. 小组成员分工

3. 工作计划

三、任务实施

开始作业前,穿好_____、_____,做好车辆内外防护工作,防止弄脏、损坏或腐蚀车辆;

关闭钥匙,断开_____;

拔下_____;

放掉_____;

拆下_____;

拆卸_____外围部件或线束;

拆下_____插头及线束固定卡扣;

拆下驱动电机_____传感器插头及线束固定卡扣;

拆下驱动电机_____传感器和_____插头及线束固定卡扣;

拆下_____出水管固定卡箍;

拆下_____固定螺栓;

拆下_____固定支架螺栓;

拆下_____三颗固定螺栓并悬挂;

拆下驱动电机右侧固定支架上部一颗_____,举升车辆后用_____悬挂电动压缩机;

拆下电动压缩机四颗_____;

降下车辆后分别拆下左前、右_____装饰盖,撬起半轴螺母锁片,拆下_____;

拆下左前、右前_____;

拆下右前轮制动油管支架_____、右前轮_____传感器;

拆下右前轮_____两颗固定螺栓、转向_____螺栓防松锁销;

拆下_____固定螺栓,拔出右侧_____,固定制动盘与_____;

按同样操作方法拔出左侧半轴球笼,举升车辆,拔出左右半轴;

将举升托盘千斤顶从下部顶住_____,旋松驱动电机右侧支架 3 颗_____;

托盘千斤顶从下部顶住_____,旋松驱动电机右侧支架 3 颗固定螺栓;

旋松减速器左侧支架的 3 颗_____,旋松减速器后侧支架的 3 颗_____;

拆下旋松的 9 颗固定螺栓,拆下车身底部_____及固定螺栓,拆下_____后侧支架固定螺栓;

取下_____后侧支架,缓慢降下_____,观察是否有管路及线束阻碍动力总成的下降;

动力总成拆卸完成,按相反顺序安装动力总成即可。

四、状态检查

完成后,进行如下检查。

1. 检查车辆、工具、设备是否复位:_____

2. 检查场地是否清洁:_____

3. 检查车辆是否正常工作:_____

五、学习评价

1. 请根据自己任务完成的情况，对自己的工作进行自我评估，并提出改进意见。

（1）_____

_____

（2）_____

_____

（3）_____

_____

2. 工单成绩（总分为自我评价、组长评价和教师评价得分值的平均值）

自我评价	组长评价	教师评价	总分

任务工单 2.2 减速驱动桥认知

任务名称	任务 2.2 减速驱动桥认知		实训教室	
学生姓名		学生学号		任务成绩	
班　　级		日　　期			
任务描述	正确地进行减速驱动桥润滑油的更换				
任务目的	掌握减速驱动桥的结构和润滑油的更换流程				

一、知识强化

1. 新能源汽车减速器一般和_____总成在一起，因为通过控制电机的_____非常符合汽车理想的行驶动力要求，即_____，高速_____的要求。如果嫌动力性还不够，可加装两级变速器。

2. EF126B02 减速器总成是一款_____，采用_____、两级传动结构设计。它具有体积小、结构紧凑的特点：采用前进挡和_____共用结构进行设计，整车_____通过电机_____实现。减速器动力传动机械部分是依靠两级_____来实现减速增扭。其按功用和位置分为五大组件：右箱体、_____、输入轴组件、_____、差速器组件。

3. 电机动力通过_____花键传入_____总成。

4. 减速器工作时会产生一定_____，需要_____调节减速器内气压，以免压力过高导致_____，减速器齿轮油加油口、_____、_____。重新添加齿轮油时，从_____加油，直至齿轮油从_____流出，则表明油位已到上限，按规定力矩旋紧加油口和_____即可。

5. 动力传递路线为：驱动电机→_____→输入轴轴齿→中间轴齿轮→_____→_____→_____→左右车轮。

6. EV160 减速器内油底壳有_____，用以减少_____中的铁屑。

7. BYD5AEB 车型前驱动力总成主要配备比亚迪 5AEB 的纯电动汽车，采用_____变速。

8. 比亚迪 E5 纯电动汽车_____，依靠_____来实现减速增扭。其按功用和位置分为五大组件：_____、左箱体、输入轴组件、_____、输出轴（差速器）组件。动力由_____输入，经过_____减速将动力传至_____，再由差速器将动力分配至两侧车轮。

9. 比亚迪 E5 减速器外花键与_____配合，驱动电机将动力传递至_____，动力经过减速器中的_____后进入主减速器和_____，动力再由差速器两个_____传递到减速器两侧的_____万向节，动力经_____、半轴传递到两个车轮侧的_____，最终到达车轮。

二、计划制订

请根据任务要求，确定所需要的检测仪器、工具，并对小组成员进行合理分工，制订详细的工作计划。

1. 需要的资料及用具

学习情境 2 动力传动系统拆装与调整

2. 小组成员分工

3. 工作计划

三、任务实施

减速器润滑油更换：

（1）举升车辆，将机油回收车推入_____下方，然后用 24 mm 套筒拆下_____。

（2）排尽_____，安装_____，并按规定力矩紧固。

（3）若使用_____进行加注：按照使用说明书，连接好_____，设置好_____，即可一键加注。

（4）如使用简易加注工具加注减速器油。使用 24 mm 套筒拆下_____，然后将简易加注工具的吸油侧插入_____中，出油侧插入_____加注孔中。

（5）加至注油口处向外_____时停止加油，比亚迪 E5 电动汽车减速器需要加入_____L 齿轮油。加注完成后取下简易加注工具，安装变速箱_____，并按规定力矩紧固。

（6）清洁变速箱放油口和加油口，降下车辆，作业完成。

四、状态检查

完成后，进行如下检查。

1. 检查车辆、工具、设备是否复位：_____
2. 检查场地是否清洁：_____
3. 检查车辆是否正常工作：_____

五、学习评价

1. 请根据自己任务完成的情况，对自己的工作进行自我评估，并提出改进意见。

（1）_____

（2）_____

（3）_____

2. 工单成绩（总分为自我评价、组长评价和教师评价得分值的平均值）

自我评价	组长评价	教师评价	总分

任务工单2.3 减速驱动桥拆装与调整

任务名称	任务2.3 减速驱动桥拆装与调整		实训教室	
学生姓名		学生学号		任务成绩	
班　　级		日　　期			
任务描述	正确地进行减速驱动桥的拆装与调整				
任务目的	掌握减速驱动桥的拆装流程和调整方法				

一、知识强化

1. 箱体内冷却油的排放时，分别打开_____，将箱体内的_____排放干净，同时检查_____和O形圈是否完好，如果已损坏，应更换完好的零件。

2. 差速器半轴组件拆卸只需拧松_____即可，在差速器半轴端面处可以看到_____。6号L型六角扳手一个、套管（当作力臂）一根即可完成差速器半轴组件的拆卸。半轴的伸出端_____键需要使用防转工装固定，没有可用_____代替。

3. 拆分箱体时，副轴后轴承是_____轴承，其内圈附于副轴组件上，外圈和滚子被副轴后轴承卡簧限位在_____上。观察合箱螺栓螺纹部分是否有损坏，如果有损坏，应更换完好的螺栓。

4. 将后箱体放置于_____上，并安放平稳。如果副轴后轴承或副轴组件中任意一个有损坏情况，如_____、齿轮崩析，建议连带箱体返厂维修，包括合箱面拆开后发现_____或差速器有损坏情况。如必须拆换副轴后轴承"外圈和保持架"组件时，副轴组件也要_____。副轴后轴承内圈在_____上，只是换轴承"外圈和保持架合件"，会造成轴承不配套。

5. 前箱体需要先拆卸_____，腔外的6/5个六角法兰面螺母拧开，可取出组件，除螺母外，还有此处应用盲孔螺母的情况。

6. 单挡变速箱采用_____润滑方式，润滑油采用_____。

7. 动力系统总成在分解修理后，再重新装到车上，变速箱需要加入_____L润滑油（或观察油位至_____位置处即停止加油）。

8. 如电动机发生故障，需拆解修理的，在组装后需加入_____油_____L。

9. 电动机和变速箱组装时，必须确保变速器前箱体_____和_____对正。注意保护变速器前箱体O形圈和变速器主轴密封圈。结合面法兰上有一颗_____。

二、计划制订

请根据任务要求，确定所需要的检测仪器、工具，并对小组成员进行合理分工，制订详细的工作计划。

1. 需要的资料及用具

2. 小组成员分工

3. 工作计划

学习情境 2　动力传动系统拆装与调整

三、任务实施
完成下表

操作步骤/顺序	操作项目
分离变速箱体和电机总成	□ 打开放油螺塞组件，将变速箱体内的润滑油排放干净，拧紧放油螺塞组件于箱体上； □ 检查润滑油是否排放干净； □ 检查放油塞组件和 O 形密封圈是否完好； □ 交错拧开用于固定变速箱箱体与电动机的六角法兰面螺栓，分离变速箱与电动机； □ 分离时可使用一字螺丝刀且按照垫布（或裹胶布）的方法加以保护
分解变速箱体	□ 将变速箱体用螺栓（至少需要 3 颗螺栓）固定在专用工作台上，确保主轴、差速器半轴或者箱体的高点不能有接触磨损； □ 交错拧开用于连接固定变速器前后箱体的螺栓，将后箱体与前箱体分离； □ 在拆分过程中保护好前箱体与后箱体接触面； □ 拆分箱体时注意保管前箱体上的磁铁槽中掉出的磁铁
拆卸差速器组件	□ 拆卸差速器组件轴承压板； □ 取下差速器相关齿轮
拆卸副轴组件	□ 拆卸副轴轴承压板； □ 取下副轴； □ 使用卡簧钳取下副轴轴承卡簧； □ 使用专用工具（拉码器）将副轴轴承从箱体中取出
拆卸主轴组件	□ 拆卸主轴轴承压板； □ 取下主轴齿轮总成
拆卸油封	□ 使用一字螺丝刀且按照垫布（或裹胶布）的方法加以保护，取出全部 3 个油封。
清洁组件	□ 使用吹气枪对差速器组件表面及差速器壳体内部的粉尘、铁屑等杂质进行清洁； □ 转动行星齿轮或半轴齿轮，检查是否有卡滞并使用吹气枪深度清洁； □ 使用吹气枪或吸油纸对球轴承、圆柱滚子轴承、主轴、副轴表面进行清洁； □ 使用吹气枪或吸油纸对变速箱前箱体表面进行清洁； □ 使用吹气枪或吸油纸对变速箱后箱体表面进行清洁； □ 使用工具（铲刀）对前合箱面进行刮蹭处理、刮平高点； □ 使用工具（铲刀）对后合箱面进行刮蹭处理、刮平高点
变速箱组件外观目视检查	□ 检查并记录齿轮轮系转动情况； □ 检查并记录主轴齿轮磨损情况； □ 检查并记录副轴主动齿轮磨损情况； □ 检查并记录副轴从动齿轮磨损情况； □ 检查并记录差速器齿轮磨损情况； □ 检查并记录后箱体轴承外圈磨损情况； □ 检查并记录主轴前轴承内外圈磨损情况； □ 更换差速器油封； □ 更换主轴油封
安装油封	□ 使用油封工装将 3 个全新油封装入变速器后箱体

续表

操作步骤/顺序	操作项目
安装副轴轴承	□ 安装副轴轴承； □ 安装副轴轴承卡簧
安装主轴组件	□ 摆正主轴组件和压板； □ 按规定先用手拧进螺栓2~3圈，再紧固压板螺栓
安装副轴组件	□ 摆正副轴组件和压板； □ 按规定先用手拧进螺栓2~3圈，再紧固压板螺栓
安装差速器组件	□ 摆正差速器组件和压板； □ 确认半轴固定环小凸点在半轴齿轮的键槽； □ 按规定先用手拧进螺栓2~3圈，再紧固压板螺栓； □ 安装期间微调各组件（转动），以便安装过程顺畅
差速器组件高度测量	□ 从后箱体上取下旧的调整垫片； □ 测量前清洁垫板； □ 测量前测量垫板平均厚度； □ 测量前在垫板上对高度尺校零； □ 加装垫板，使用高度尺测量差速器高度 H 值，垫板放置要平整； □ 以上每个值应测量三处位置
后箱体轴承孔底深度测量	□ 测量前清洁垫板； □ 测量前测量垫板平均厚度； □ 测量前在垫板上对深度尺校零； □ 加装垫板，使用深度尺测量后箱体轴承孔底深度 D 值，垫板放置要平整； □ 以上每个值应测量三处位置
三轴轴调整垫片厚度 f 计算	□ 根据差速器组件高度 H 平均值和后箱体轴承孔底深度 D 平均值，计算三轴轴调整垫片厚度 f 值
安装调整垫片	□ 根据计算值，更换调整垫片并装入后箱体
安装前后箱体	□ 在合箱前检查磁铁、合箱定位销安装情况； □ 在合箱时用橡皮锤轻轻敲打箱体外壁，并注意保护主轴油封； □ 安装前后箱体总成； □ 使用专用工具（预置式扭力扳手）紧固前后箱体总成（标准力矩为25 N·m）
安装减速箱体和电机总成	□ 按规定先用手拧进螺栓2~3圈，再紧固变速箱体与电动机的六角法兰面螺栓； □ 使用专用工具（预置式扭力扳手）紧固变速箱与电动机（标准力矩为100 N·m）

学习情境 2 动力传动系统拆装与调整

四、状态检查

完成后，进行如下检查。

1. 检查车辆、工具、设备是否复位：_____
2. 检查场地是否清洁：_____
3. 检查车辆是否正常工作：_____

五、学习评价

1. 请根据自己任务完成的情况，对自己的工作进行自我评估，并提出改进意见。

（1）_____

_____

（2）_____

_____

（3）_____

_____

2. 工单成绩（总分为自我评价、组长评价和教师评价得分值的平均值）

自我评价	组长评价	教师评价	总分

学习情境 3　电机控制部件认知与更换

任务工单 3.1　电机控制器认知

任务名称	任务 3.1　电机控制器认知	实训教室			
学生姓名		学生学号		任务成绩	
班　　级		日　　期			
任务描述	正确地进行电机控制器的认知和周围部件的拆解				
任务目的	掌握电机控制器的结构				

一、知识强化

1. ＿＿＿＿＿＿根据驾驶员意图发出各种指令，电机控制器响应并反馈，实时调整驱动电机输出，以实现整车的＿＿＿＿＿＿、＿＿＿＿＿＿、＿＿＿＿＿＿、停车、＿＿＿＿＿＿及驻坡等功能。

2. 电机控制器另一个重要功能是＿＿＿＿＿＿和＿＿＿＿＿＿，实时进行状态和故障检测，保护驱动电机系统和整车安全可靠运行。

3. 北汽 EV160 的电机控制器有＿＿＿＿＿＿和＿＿＿＿＿＿两种，功能和主要参数基本一致，这两种不同的电机控制器需要分别匹配各自的＿＿＿＿＿＿才能正常工作。

4. 电机控制器内部很多电路板件和组件层层叠加，主要由＿＿＿＿＿＿模块组件（在驱动板上）、＿＿＿＿＿＿、控制板组件、传感器支架组件、＿＿＿＿＿＿、直流插接件等组成。

5. 电机控制器上安装有＿＿＿＿＿＿，用以监测电机工作的实际电流（包括母线电流、三相交流电流）。电机控制器的主要功能有：与整车控制器通信、监测直流母线电流、控制＿＿＿＿＿＿模块、监控＿＿＿＿＿＿连接情况、反馈＿＿＿＿＿＿模块温度、旋变传感器＿＿＿＿＿＿供电、＿＿＿＿＿＿分析、信息反馈。以上主要功能是由＿＿＿＿＿＿和＿＿＿＿＿＿来完成的。

7. 整车控制器根据车辆运行的不同情况，包括＿＿＿＿＿＿、挡位、电池 SOC（电量）值，来决定电机＿＿＿＿＿＿。

8. 当电机控制器从整车控制器处得到＿＿＿＿＿＿输出命令时，将动力电池提供的＿＿＿＿＿＿转化成＿＿＿＿＿＿，驱动电机输出扭矩，通过机械传输来驱动车辆。

9. 当车辆在＿＿＿＿＿＿或制动的时候，电机控制器从＿＿＿＿＿＿得到发电命令后，电机控制器将电机处于发电状态。此时电机会将车辆＿＿＿＿＿＿转化成电能。然后，三相正弦交流电通过电机控制器转化为＿＿＿＿＿＿，存储到电池中。

二、计划制订

请根据任务要求，确定所需要的检测仪器、工具，并对小组成员进行合理分工，制订详细的工作计划。

1.需要的资料及用具

2. 小组成员分工

3. 工作计划

三、任务实施

找到驱动电机低压插件，并写出各个端子的作用：

A_____；B_____；
C_____；D_____；
E_____；F_____；
G_____；H_____；
L_____；M_____。

找到高压接口，并指出正负线束。

四、状态检查

完成后，进行如下检查。

1. 检查车辆、工具、设备是否复位：_____
2. 检查场地是否清洁：_____
3. 检查车辆是否正常工作：_____

五、学习评价

1. 请根据自己任务完成的情况，对自己的工作进行自我评估，并提出改进意见。

（1）_____

（2）_____

（3）_____

2. 工单成绩（总分为自我评价、组长评价和教师评价得分值的平均值）

自我评价	组长评价	教师评价	总分

任务工单 3.2 高压电控总成认知

任务名称	任务 3.2 高压电控总成认知	实训教室		
学生姓名		学生学号		任务成绩
班　　级		日　　期		
任务描述	正确地进行高压电控总成的拆卸			
任务目的	掌握高压电控总成的拆卸与安装方法			

一、知识强化

1. 2018 款比亚迪 E5 纯电动汽车（5AEB）高压电控总成集成了_____、车载充电器模块、_____、高压配电模块及_____等，又称"四合一"。

2. 比亚迪 E5 或 E6 车型拥有 VTOG、VTOV、VTOL 功能，即车对_____放电、车对_____放电（救援时的车对车充电）、车对_____（外接的用电设备）放电。

3. 漏电传感器可检测_____正极与_____之间是否存在漏电现象。另外，当车辆下电时，_____在 5 s 内将高压电容的电压降到 60 V 以下，释放危险电能；当主动_____时，高压电容内残余的高压电通过放电电阻消耗，_____模块在 2 min 内把高压电容电压降到_____V 以下，作为主动泄放失效的二重保护。

4. 2018 款 E5 高压电控总成可分为上下两层和中间_____。高压电控总成上层包含_____、_____、_____和漏电传感器。

5. 高压电控总成首先替代_____的功能，采集_____、制动踏板传感器、_____等信息，解析驾驶员驾驶意图，结合_____BMS 的信息以及驱动电机的旋变等信号，高压电控总成内的_____实现 DC-AC 的转换，控制电机_____、反向驱动以及正、反转_____功能；具有高压输出电压和_____控制限制功能，具有电压跌落、_____、过温、IPM 过温、IGBT 过温保护、_____、扭矩控制限制等功能，同时具备电控系统防盗、_____、主动泄放、被动泄放控制等功能。

二、计划制订

请根据任务要求，确定所需要的检测仪器、工具，并对小组成员进行合理分工，制订详细的工作计划。

1. 需要的资料及用具

2. 小组成员分工

3. 工作计划

三、任务实施

高压电控总成更换：

1. 作业准备

（1）穿好工服、_____；

（2）做好车辆内外防护工作，防止弄脏、损坏或腐蚀车辆；

（3）按照规范流程完成车辆_____操作；

（4）按照规范流程放掉_____；

（5）拆下格栅上盖板。

2. 高压电控总成外围附件拆卸

拆下_____固定卡扣，并拔下快充、慢充高压线束插接件。

拆下_____的四颗固定螺栓并拔下驱动电机三相输出线束插接件。

拔下动力电池_____插接件、64针低压信号插接件、33针低压信号插接件、_____上的三个线束插接件、PTC高压线束插接件、_____高压线束插接件、DC/DC输出线束固定螺栓，取下DC/DC线束。

拆下_____左右两侧搭铁线束固定螺栓。

拆下前舱配电盒Ⅱ两颗固定螺栓，将_____从高压电控总成挂钩中取出，拆下_____系统储液罐两颗固定螺栓。

松开高压电控总成_____固定卡扣，松开高压电控总成_____卡箍，拔下高压电控总成进水管；松开高压电控总成_____卡箍，拔下高压电控总成排气管；松开_____出水管卡箍，拔下高压电控总成出水管。

3. 高压电控总成固定螺栓拆卸

分别拆下高压电控总成的_____颗固定螺栓。

拆下_____高压线束固定卡扣，将高压电控总成从前机舱小心抬出，放在防静电工作台上。至此，高压电控总成拆卸作业完成，安装时按相反顺序进行。

四、状态检查

完成后，进行如下检查。

1. 检查车辆、工具、设备是否复位：_____

2. 检查场地是否清洁：_____

3. 检查车辆是否正常工作：_____

五、学习评价

1. 请根据自己任务完成的情况，对自己的工作进行自我评估，并提出改进意见。

（1）_____

（2）_____

（3）_____

2. 工单成绩（总分为自我评价、组长评价和教师评价得分值的平均值）

自我评价	组长评价	教师评价	总分

任务工单 3.3 驱动系统冷却系统检修

任务名称	任务 3.3 驱动系统冷却系统检修	实训教室	
学生姓名		学生学号	任务成绩
班　级		日　　期	
任务描述	正确地进行电动水泵的更换		
任务目的	掌握电动水泵的更换方法		

一、知识强化

1. 驱动系统由_____、_____及_____构成。驱动电机与电机控制器在工作中会产生一部分热，天气炎热时需要对其进行_____，电动汽车一般采用的方法是_____，即在电机控制器与驱动电机之中布置_____，由电动水泵驱动冷却水使之循环将热量带到_____进行散热。

2. 北汽 EV160 纯电动车冷却系统的作用是对_____及_____进行冷却。冷却系统由_____、电机控制器、_____、_____、冷却风扇、_____和水管等组成。

3 电动水泵由电机带动_____，依靠离心力吸入_____，再将其加速甩出，去往_____与驱动电机。

4. _____与电机转子做成一体，水泵转子上带有_____。电机转子与定子之间的气隙由_____隔离开，所以水泵转子处的冷却液无法进入电机定子线圈。

5. 比亚迪 E5 驱动系统的冷却系统包括_____、_____、高压电控总成、_____、储液罐及各个管路等。

6. 比亚迪 E5 电机控制器模块集成在_____内，高压电控总成还集成了_____模块、_____模块、_____及漏电传感器等，各个模块在工作时都会发热，都需要进行_____。

7. 电动水泵输送的_____通过高压电控总成中间水道对_____模块、车载充电机模块、_____模块等进行冷却。

二、计划制订

请根据任务要求，确定所需要的检测仪器、工具，并对小组成员进行合理分工，制订详细的工作计划。

1.需要的资料及用具

2.小组成员分工

3.工作计划

三、任务实施

电动水泵更换：

安全注意事项：

因电动水泵位于车身下部，附近有高压线缆，拆卸电动水泵之前必须严格按照规范对车辆进行_____。需关闭_____，断开_____，拔下_____。为确保安全，最好由两人共同完成电动水泵的更换。

用手触摸，确认_____和冷却液储液罐等已冷却，沿_____方向慢慢旋开_____，将冷却系统中的残余压力全部释放，取下储液罐盖。

举升车辆，旋下_____，将排出的冷却液存放于合适的容器内，排尽冷却液。

安装_____，降下车辆，拔下_____线束插头，松开电子水泵出水管卡箍，拔下_____出水管。

举升车辆，松开电子水泵_____卡箍，拔下电动水泵进水管，拆下电动水泵两颗固定螺丝，取下电动水泵。

电动水泵拆卸完成，安装时按相反顺序进行。

四、状态检查

完成后，进行如下检查。

1. 检查车辆、工具、设备是否复位：_____
2. 检查场地是否清洁：_____
3. 检查车辆是否正常工作：_____

五、学习评价

1. 请根据自己任务完成的情况，对自己的工作进行自我评估，并提出改进意见。

（1）_____

（2）_____

（3）_____

2. 工单成绩（总分为自我评价、组长评价和教师评价得分值的平均值）

自我评价	组长评价	教师评价	总分